O
MAIS SIMPLES
Presente

STEFANOS XENAKIS

O MAIS SIMPLES ✽ Presente

Aprendendo a observar o mundo com a alma
e a encontrar beleza em todos os lugares

Título original: *The Simplest Gif*
Copyright © 2018 por Stefanos Xenakis
Copyright da tradução © 2022 por GMT Editores Ltda.

Esta edição foi publicada mediante acordo com
Ersilia Literary Agency por meio da International Editors' Co.

Todos os direitos reservados. Nenhuma parte deste livro pode ser utilizada ou reproduzida sob quaisquer meios existentes sem autorização por escrito dos editores.

tradução: Rita Paschoalin
preparo de originais: Isabella D'Ercole
revisão: Hermínia Totti e Priscila Cerqueira
diagramação e adaptação de capa: Natali Nabekura
capa: The Book Designers
imagens de capa: pássaro: Iraida Bearlala/ Sutterstock;
flor: PRILIKA777/ Sutterstock;
fundo: Tom Gowanlock/ Shutterstock
impressão e acabamento: Pancrom Indústria Gráfica Ltda.

CIP-BRASIL. CATALOGAÇÃO NA PUBLICAÇÃO
SINDICATO NACIONAL DOS EDITORES DE LIVROS, RJ

X27m

Xenakis, Stefanos
 O mais simples presente / Stefanos Xenakis ; tradução Rita Paschoalin. - 1. ed. - Rio de Janeiro : Sextante, 2022.
 240 p. ; 21 cm.

 Tradução de: The simplest gift
 ISBN 978-65-5564-386-2

 1. Autorrealização (Psicologia). I. Paschoalin, Rita. II. Título.

22-76579
CDD: 158.1
CDU: 159.947

Gabriela Faray Ferreira Lopes - Bibliotecária - CRB-7/6643

Todos os direitos reservados, no Brasil, por
GMT Editores Ltda.
Rua Voluntários da Pátria, 45 – Gr. 1.404 – Botafogo
22270-000 – Rio de Janeiro – RJ
Tel.: (21) 2538-4100 – Fax: (21) 2286-9244
E-mail: atendimento@sextante.com.br
www.sextante.com.br

*Dedicado ao meu professor Antonis.
E a Thanasis, que me levou a Antonis.*

✸ SUMÁRIO ✸

Introdução 11
Lili 14
Honre seus pais 17
O rastro de um sorriso 19
Seu pedaço de chão 21
Comece a todo vapor 24
Aceita um chiclete? 26
Seus objetivos são sua vida 29
Cruella 31
Raízes 33
Será que está tudo bem? 36
Humor 39
Nem todo mundo vai gostar de você 41
Canais de irrigação 43
Quanto custa uma garrafa de água? 45
Menos é mais 47
Os sinais 49
Não é da sua conta 51
Enxergue a beleza 54

Quinze horas até Véria 56
O eletricista 58
Espere por Kostas 60
Isso também vai passar 62
Não seja uma abelha 64
O pedinte 66
Por quê? 69
Rua Paraíso, 70 71
Desligue a TV 74
Quem é você? 76
Caderno de milagres 79
Um fim de semana na Montanha Sagrada 81
Espigas de milho 84
A instrutora de ioga 86
Quanto valem 50 euros? 88
Uma palavra gentil 90
Aprecie o dinheiro 93
O presente 95
Passeio da vida 98
A garrafa de plástico 100
Tenha uma boa semana! 102
A vida tem regras? 104
A cédula de 5 euros 112
Afie o serrote 114
Lady Muck 116
Dê a descarga 118
Aniversários 120

A mão de Deus 122

Não reaja. Responda. 124

O Superpai 126

Fique com Deus 129

O restaurante 131

Gol contra 133

A arte de viver 135

Nuvenzinhas carregadas 140

Emma 142

A equação 144

Por que algumas pessoas têm sucesso 146

Felicidade 148

Meu ato de coragem 150

Eu te amo 152

Incrível! 154

Sigalas e Oseola 156

Receita de espaguete 158

Tanto faz... 160

Lar, doce lar 162

Pegue a bola 165

Água com gás 167

Feche as janelas 169

Sr. Ioannidis 171

Cuide-se 173

Bullying 175

Deixe uma porta aberta 178

O ladrão 180

A salva-vidas 182
O baterista 184
Fale sozinho 186
Como ter sucesso 188
Generosidade grega 190
Sua sujeira 192
Alegria 194
Amor 196
Pontuação alta 198
Seja pontual 202
Os notáveis 204
A mariposa 207
A equipe da reforma 209
Nunca desista 212
Vá além do esperado 215
Compartilhe 217
Não seja tão disperso 219
Náufrago 221
Manhã à beira-mar 223
Os óculos mágicos 225
Dois de você 227
O telefonema 229
Pegue leve 231
Compromisso 233
Errado 235
Só o amor 237

INTRODUÇÃO

ACHO QUE EU ESTAVA NO quinto ano da escola, mas parece que foi ontem. Eu me lembro de ter lido na apostila que, embora a maioria das pessoas consiga enxergar, poucas observam os detalhes das coisas ao seu redor. Naquela época, não fez muito sentido para mim.

No entanto, tempos depois, entendi o que aquilo queria dizer. Aprendi a observar, a fotografar o mundo com os olhos e, acima de tudo, com a alma. As fotografias que eu tirava eram de coisas que muitos podem considerar triviais: um pôr do sol, uma flor, um sorriso, um aceno. Comecei a encontrar beleza em todos os lugares. Até na feiura.

Ao longo do caminho, fui compartilhando a beleza que eu encontrava. Aprendi a conectar a minha vida com a vida de outras pessoas e, ao fazer isso, descobri que nos tornávamos um só. Foi quando percebi que esse era o verdadeiro propósito da minha vida.

Descobri que podia correr riscos, enfrentar meus medos, questionar minhas crenças e sair da zona de conforto. Aprendi a escapar do cárcere da rotina. Encontrei liberdade no dia a dia, a cada hora e a cada minuto.

Dominei a arte de manter a cabeça erguida, sorrir, expor minha verdade, dizer uma palavra gentil, pensar antes de falar e trabalhar duro para realizar meus sonhos. Percebi que nada me seria dado de bandeja e que eu precisaria batalhar constantemente pela minha vida.

Um tio muito querido costumava me dizer que a comida só dura o tempo que está na boca. Por isso, é preciso mastigá-la bem. Ao engolir, já era. Acabou. A mesma ideia se aplica à vida. Aprendi a saboreá-la como se fosse o melhor jantar preparado pela minha mãe. Aprendi a apreciar cada momento.

Vou compartilhar com você uma história que sempre me toca. Um lavrador estava cavando um buraco na terra. Em determinado momento, a picareta que ele usava bateu em alguma coisa dura e quebrou. O homem ficou furioso e se abaixou para ver o que havia destruído sua ferramenta. Era uma caixa. E dentro dela havia um tesouro.

Assim como aquele lavrador, percebi que é preciso abrir os presentes que a vida nos dá, mesmo que não gostemos da embalagem. Afinal de contas, em minha experiência, alguns dos meus melhores presentes vieram em embalagens feias. Aprendi que a vida por si só já é um presente.

Por fim, comecei a aceitar meus passos em falso e meus erros. Aprendi a respeitá-los, a amá-los e, assim, a amar a mim mesmo. Esse foi o ponto-chave para mim. Em vez de tentar cometer menos erros, eu me permiti ser livre para cometê-los. E, por causa disso, passei a errar menos.

Uma década atrás, comecei a escrever um caderno de milagres – minha lista de gratidão. No início, eu lutava para encontrar alguma coisa pela qual me sentir grato, mas depois eu não conseguia parar. Tudo que eu via era um milagre! O fato de poder falar, andar ou ter uma cama quentinha à minha espera no fim de um dia difícil. Minha percepção havia se transformado; eu passara a ver que a vida estava transbordando de beleza. Percebi que o encanto não estava no que eu via, mas em meus próprios olhos. A forma como eu encarava o mundo determinava a beleza que eu enxergava ao meu redor.

Depois disso, passei a carregar o caderno sempre comigo. Eu escrevia onde quer que estivesse: no trabalho, no trem, em casa – em qualquer lugar. Enchi linhas e mais linhas de palavras preciosas, páginas inteiras de milagres maravilhosos e também a estante de inúmeros cadernos.

E então, de repente, algo mágico aconteceu. Parei de escrever só para mim e passei a escrever para aqueles que me cercavam. Comecei a compartilhar essa energia magnífica que emanava de mim.

O livro que você tem em mãos é feito de vida. Da minha vida. Da nossa vida. De algumas histórias e muito amor.

Espero que ele ajude a compartilhar a beleza que nos cerca. Se este livro tocar apenas uma pessoa, já terá valido a pena escrevê-lo.

TERÁ VALIDO A PENA CHEGAR ATÉ AQUI.

LILI

Fiquei surpreso. O telefone não costuma tocar às sete da manhã. Sou eu quem geralmente liga e dá bom-dia às meninas. Era minha filha mais velha. Estava soluçando.
– Papai, a Lili morreu. Eu a encontrei morta na gaiola esta manhã.
Lili era sua coelhinha. Ela soluça.
Fiz uma longa pausa antes de responder:
– Avra, querida, há quantos anos Lili está com a gente?
– Não muito, papai. Cinco ou seis anos.
– Ah, Avra... Esse é o tempo de vida de um coelho. – Mais soluços. – Desde a hora em que nascemos, a única certeza que temos é que, um dia, vamos morrer.

As coisas só começam para terminar.
E tudo só termina para recomeçar.

– Seis anos da vida da Lili correspondem, pelo menos, a 100 anos humanos. Ela teve filhotes, viveu uma vida feliz. Amou e foi amada. Poucas pessoas tiveram uma vida tão maravilhosa quanto a dela, meu amor.
Silêncio do lado de lá.

– Todos vamos ter um fim um dia, querida. Lili viveu mais de 100 anos humanos. Quantos anos você pretende viver? Dois, três séculos?

O início de uma risadinha...

As crianças precisam ter consciência dos fatos da vida desde cedo. Não devem ser poupadas da realidade.

Encontrei a pá do meu pai, fui buscar o corpinho da Lili, coloquei-o numa caixa e peguei as crianças na escola.

– Ei, meninas, vamos enterrar a Lili juntos?

A caçula se entusiasmou com a ideia. A mais velha hesitou um segundo ou dois e, por fim, concordou. Fomos até o nosso morro favorito, perto de casa, em Atenas, de onde é possível ver o mar se tornar um manto dourado no fim da tarde.

Achamos um lugar não muito cheio de pedras e cavei um buraco. Retirei a Lili da caixa e a embrulhei em papel de seda, como se fosse uma pequena noiva. Segurei-a com cuidado e, quando fiz menção de colocá-la na cova, minha filha mais velha protestou. Ela tomou Lili de meus braços, como uma mãe pegando o bebê no colo. Com muito zelo, desenrolou o papel de seda, aproximou a coelhinha do rosto e lhe deu um último beijinho. Depois, com delicadeza, colocou-a na cova e pôs umas folhinhas de alface ao lado dela, para que não sentisse fome.

– Feche os olhos, minha pequena Lili – choramingou.

Minha filha colocou algumas flores perto da amiguinha e fechamos a cova. Depois, marcamos o lugar com duas pedras grandes, para que lembrássemos onde nossa amada Lili descansava.

E aí fomos tomar sorvete.

– Faz parte da vida, meninas. Tudo é uma coisa só. Apenas nós, humanos, separamos as coisas em "boas" e "ruins". Chuva e sol são um; vida e morte são um; assim como o amor e o medo; o mar e a montanha; a calmaria e a tempestade. A chuva vem depois do sol; o inverno, depois do outono; e coisas ruins acontecem depois das boas. Antes, eu só gostava das coisas boas.

Hoje em dia, gosto de tudo – eu disse a elas, tentando tornar aquele momento mais leve.

Não esperava receber nenhuma resposta, porém minha caçula me deu a melhor de todas:

– ENTÃO, PAPAI, VOCÊ QUER DIZER QUE GOSTA DO QUE NÃO GOSTA?

HONRE SEUS PAIS

Tenho um amigo que mora em Salonica, um sujeito alto, com bem mais de 1,80 metro. Sempre que ele vinha a Atenas, nos encontrávamos para comer e depois acabávamos bebendo um drinque ou dois. O vinho ajudava a trazer as verdades à tona.

Certa vez, enquanto jogávamos conversa fora, meu amigo, cheio de carinho, falou do pai. E então, de repente, começou a chorar. A princípio um choro contido, que logo se intensificou. Em pouco tempo, ele estava aos prantos. Eu não fazia ideia do motivo do choro nem de como agir naquela situação. Por alguns instantes, apenas fiquei em silêncio.

– Ei, cara, o que houve? – perguntei, por fim.

– Meu pai... Ele morreu de repente alguns anos atrás. Eu era um babaca e nunca disse que o amava. Só me dei conta do cara fantástico que ele era depois que ele morreu.

Fiquei ali sentado com meu amigo, compartilhando sua dor.

Nós deixamos de dar valor a muita coisa na vida. Aos nossos pais, por exemplo. Até que, um belo dia, eles desaparecem, e o que nos resta é um monte de coisas que gostaríamos de ter dito e nunca dissemos.

Se seus pais ainda estiverem vivos, levante-se e vá visitá-los. Hoje.

O Universo não entra em modo de espera quando chega sua vez.

Abrace seus pais.
Não tenha medo de abraçar.
Diga a eles que os ama. Eles fizeram muito por você.
Você só vai entender quanto eles fizeram no dia em que tiver seus próprios filhos. E seus pais não pediram nada em troca.
Tudo que querem é que você retribua o amor. Nada mais.
E tudo que você precisa fazer é demonstrar seu amor.
Eles cometeram erros, mas sempre com a melhor das intenções. Perdoe-os.
Os pais deles também erraram.
E você vai errar com seus filhos, caso os tenha.
E chegará o dia – e espero mesmo que isso aconteça – em que seus filhos virão abraçar você.
Para perdoá-lo.
Ame seus pais. Da mesma forma que ama seus filhos.

PORQUE, SE NÃO FOSSE PELOS SEUS PAIS, SEUS FILHOS NÃO EXISTIRIAM.

O RASTRO DE UM SORRISO

Eu sempre dou a preferência para outros motoristas quando estou dirigindo. É um daqueles pequenos gestos que me fazem feliz. Certa manhã, enquanto passava na frente do supermercado, notei um carro pequeno prestes a sair do estacionamento. Eu parei. A motorista precisou de um ou dois segundos até entender que eu estava lhe dando passagem. Era uma mulher de cerca de 60 anos, aparentemente bem de vida, com o cabelo curto e estiloso, que segurava o volante com as duas mãos. Ela me lançou um sorriso educado e, devagar, seguiu em direção à rua. Pouco antes de entrar na via principal, tornou a olhar para mim e, dessa vez, seu rosto inteiro sorriu. Foi um daqueles sorrisos perfeitos. De corpo e alma. Conforme o sorriso se desmanchava, suas pálpebras se cerraram, num aceno de gratidão. Foi como uma segunda onda quebrando na praia depois da primeira: inesperada e muito mais intensa. A senhora foi embora, mas o impacto do seu sorriso continuou a embalar minha alma por muito tempo. Foi difícil acreditar que um sentimento assim pudesse ser tão forte.

Metade do dia se passou. Em algum momento no começo da tarde, encostei o carro numa esquina para enviar uma mensagem de texto. Pelo canto do olho, percebi um veículo ao meu lado. Quando o sinal ficou verde, reparei que o motorista olhava fixamente na minha direção, como se estivesse me pedindo alguma coisa. Entendi que ele queria entrar na rua, mas a passagem era estreita. O motorista trazia um largo sorriso no rosto. Tinha uma daquelas fisionomias marcantes, fáceis de reconhecer. Gesticulando, eu o ajudei a passar. Ele não esperava por isso e um sorriso infantil iluminou seu rosto – e o meu também. O homem me lançou um olhar de cumplicidade, semelhante ao de um aluno que recebe as respostas da prova por baixo da carteira depois que todas as suas esperanças já estão perdidas. Foi um sorriso maravilhoso. Ele até acenou para fora da janela, agradecido. Um pouco mais à frente, o sujeito botou a cabeça para fora e assentiu repetidas vezes, com gratidão, como se o resultado da prova tivesse acabado de sair e nós dois tivéssemos passado. Meus olhos se encheram de lágrimas. Foi como se os efeitos dos dois sorrisos tivessem se tornado um só – bem grande, grande demais para descrever.

Eu aprecio todas as pequenas alegrias da vida.
É como catar conchinhas na praia.
Cada uma é um pequeno tesouro.

Eu me abaixo e pego uma por uma. Tenho uma caixa secreta em algum lugar no fundo da minha alma onde guardo as conchas. Ao longo dos anos, colecionei uma porção delas. Não me importa quanto valem em dinheiro. Todos os dias, eu me torno mais rico e mais feliz.

É O REAL VALOR DAS CONCHAS QUE ME ENRIQUECE.

SEU PEDAÇO DE CHÃO

Assim como todo mundo, você recebeu um pedaço de chão. Recebeu também as instruções básicas de como cuidar dele: como arar, irrigar, fertilizar, revirar o solo, renovar a terra, deixá-la descansar e amá-la.

Algumas pessoas escutaram e seguiram as instruções. Mas pararam por aí. Acharam que já sabiam de tudo e não se preocuparam em aprender mais.

Outras pessoas nem sequer prestaram atenção nas orientações que receberam. Fizeram o que acharam melhor. Impacientes, muitas vezes agiram de maneira contrária ao que havia sido ensinado. O terreno delas secou e não produziu nada.

Houve quem decidisse aprender mais. Essas pessoas prestaram atenção nas instruções, leram livros, fizeram perguntas. E aprenderam a lição mais importante de todas: que não sabiam nada. Decidiram continuar aprendendo enquanto estivessem vivas. E a vida delas mudou. Assim como a vida de quem estava em torno delas. E o terreno dessas pessoas virou o Paraíso na Terra.

Houve quem colocasse a culpa de seus infortúnios no fato de não ter recebido um terreno de frente para o mar, quem reclamasse que a terra era infértil, quem dissesse que aqueles que tiveram sucesso só se deram bem porque conheciam as figuras certas. Alguns tentaram inventar um sistema diferente de tudo: tirando recursos dos ricos e dando aos pobres, em vez de observar o que os prósperos tinham feito e tentar seguir o exemplo. Essas são as pessoas que têm inveja da riqueza do vizinho – tudo que desejam é ver o terreno do outro secar.

Algumas pessoas não suportam o frio do inverno; outras não suportam o calor do verão. Há quem não suporte nem o frio nem o calor, e quem não saiba o que quer. Há até quem apenas não queira querer. Essas pessoas acreditam que, se não gostam de janeiro, basta arrancar a folha do calendário. E pedem a outras que arranquem também. Entretanto, aqueles que não tentam evitar nada são os que devem ser observados.

Janeiro é inevitável, assim como todos os meses e estações do ano. Existe o tempo de semear e o de colher; o tempo de regar e o de transferir as mudas. Respeite as regras e cuide de seu terreno. Se você ficar o tempo todo prestando atenção na terra do vizinho, vai acabar negligenciando a sua. A única tarefa que lhe cabe é cultivar a terra recebida para que seja a melhor possível. É assim que o Universo funciona. Aquilo que não cresce murcha e, no fim, seca.

O bom lavrador sabe esperar e ter fé. E, acima de tudo, *sabe semear*. Ele aprendeu isso trabalhando duro e errando. Seus erros são sua experiência e é preciso tirar lições de todos eles.

Quem evita o fracasso também evita o sucesso.

No início, você vai encharcar o solo, plantar na estação errada, esquecer a poda, exaurir a terra. Você não vai amá-la. Vai reclamar, resmungar e nem sequer vai erguer uma cerca.

Não fique parado, com medo do fracasso, vendo o tempo passar. Não deixe sua vida escapar de suas mãos.

Cada dia é um presente.
Abra-o. Não o jogue fora.

Cuidado com a vida fácil.
Ela é uma morte lenta e certa.
Ame seus problemas.
Eles o levarão um passo além.
Aceite os desafios.

**QUANTO MAIS FORTE O VENTO,
MAIS RESISTENTE É A ÁRVORE.**

COMECE A TODO VAPOR

Ou você leva a vida ou ela leva você. Não existe meio-termo. Se a bola balança a rede, não volta. De um lado do campo é dia; do outro, noite. De um lado, há lamento e resmungos, raiva, desesperança e depressão; do outro, alegria, compartilhamento, amor-próprio, felicidade e força. É claro que nos dois lados há problemas com os quais precisamos lidar enquanto estivermos vivos. Se os problemas acabam, é porque tudo acabou. Alguns desses problemas vão se revelar desde o início. São corpulentos, robustos e cheiram mal, como se tivessem acabado de sair da academia. Outros vêm disfarçados com cores bonitas e feições suaves.

Não acredito que seja possível determinar nosso futuro. No entanto, é possível escolher nossos hábitos – e estes, por sua vez, determinam o nosso futuro. Se quiser conquistar o que as pessoas de sucesso têm, precisa fazer o que elas fazem.

O autor e palestrante motivacional canadense Robin Sharma me influenciou mais do que qualquer outro. Ele me ensinou a importância de acordar cedo. Segundo Sharma, é preciso acordar às cinco da manhã, quando todo mundo ainda está dormindo e seus níveis de energia estão no ápice. Comece o dia a todo vapor. Acorde na companhia de seus sonhos, de seus objetivos e se dedique a um exercício matinal. Acorde na companhia da vida.

Planeje cada dia como se você fosse a pessoa mais importante do mundo – porque, para você, você é.

Ao acordar cedo, uma mensagem muito importante é transmitida a você mesmo. Ao vencer a batalha contra a cama, você declara que está no controle. A mensagem é tão clara que será ouvida pelo seu outro eu – o eu sedentário, preguiçoso, dorminhoco, aquele que afirma que merece mais uma soneca, que diz "Por que me levantar nesse frio?"; aquele que diz que os sonhos podem ser adiados mais um pouquinho; aquele que se enrola, ronronando como um gato ao pé da lareira. Um eu está num dos lados da partida; o segundo, no outro. Livre-se do segundo eu, o que arranca os sonhos antes mesmo que criem raízes e que lhe rouba a vida antes que ela consiga florescer. Simplesmente livre-se dele.

Acorde e escolha seu lado.

Acordar cedo é o apito que inicia a partida.

SOPRE O APITO. BEM ALTO.
ATÉ QUE O UNIVERSO INTEIRO ESCUTE.

ACEITA UM CHICLETE?

Eu vou ao escritório do meu advogado duas vezes por ano. De vez em quando, encontro algumas figuras bem interessantes na sala de espera.

Nesse dia em particular, cheguei na hora marcada. Makis está sempre cheio de trabalho, então é preciso aguardar a minha vez de ser atendido, como no consultório do dentista. Outro cliente chegou e se sentou na minha frente. Não prestei muita atenção, apenas captei alguns detalhes pelo canto do olho: cavanhaque, sorridente, um tipo gentil.

A secretária nos perguntou se aceitávamos um copo de água. Eu disse não. Ele disse sim. O sim dele fez com que eu me arrependesse de ter dito não. Dei um sorriso educado, que ele retribuiu. O gelo tinha sido ao menos lascado, se não inteiramente quebrado, por aquele sorriso. Pouco tempo depois, ele enfiou a mão na mochila e me olhou outra vez.

– Aceita um chiclete? – ofereceu.

– Não, obrigado – apressei-me em responder.

Em seguida, o "dentista" me convidou a entrar na sala e não vi mais o sujeito. A reunião correu bem.

Mais tarde, no entanto, eu me lembrei do homem me oferecendo o chiclete. Aquilo havia marcado meu dia. Como um raio de sol entre as nuvens.

Banal, você pode pensar.

Mas compartilhar nunca é banal.
É algo mágico e poderoso.

É o amor em ação. Tem o poder de curar, especialmente para aquele que compartilha. Não importa o que se divide: se um carro ou um livro, a alegria é a mesma.

    Ou você compartilha ou não. Ou sabe jogar bola ou não sabe. A boa notícia é que sempre dá para aprender. E, uma vez que se aprende a compartilhar, não é possível viver de outra forma. É viciante.
    Você nunca vai sentir todo o potencial do dia, da semana, ou mesmo da sua vida, até dizer aquele "obrigado"; até ceder a vez a um pedestre ou abrir um sorriso diante de um estranho. Como a pessoa responde é problema dela; faça sua parte. O ganho que esses gestos trazem é mágico. Sua vida vai mudar. De repente, você terá o que sempre desejou.
    João Batista disse: "Quem tiver duas túnicas, dê uma a quem não tem." E aí está a parte importante: é preciso ter duas túnicas para poder dividir. Assegure-se disso antes. A bateria do seu carro precisa estar carregada para que você possa socorrer alguém cujo carro ficou sem. Caso contrário, os dois ficarão sem bateria.
    Havia um homem chamado Joey Dunlop, da Irlanda do Norte. Ele venceu o campeonato mundial de motociclismo cinco vezes seguidas. Todo mundo o adorava e ele se tornou um herói nacional – não pelas medalhas de ouro, mas pelo coração de ouro. Ele doava tudo que tinha a crianças carentes. Comprava comida, abastecia seu trailer e viajava até a Romênia para fazer doações a orfanatos.
    Dunlop morreu num acidente aos 48 anos. Cinquenta mil pessoas se reuniram em reverência à sua grandiosidade e em celebração à sua vida.

Sem pestanejar, eu trocaria 100 anos de uma vida sem sentido por uma hora de uma vida assim. Não fique aí olhando para a cartela de chicletes, meu amigo. Compartilhe.

É PARA ISSO QUE VOCÊ ESTÁ AQUI.

SEUS OBJETIVOS SÃO SUA VIDA

ORIENTAÇÃO ESPACIAL NUNCA FOI MEU ponto forte. Eu me perco com muita facilidade. Há algum tempo, instalei um aplicativo de GPS no celular. Antes de sair, sei aonde quero chegar, conheço o destino final. Se não sei o caminho, aciono o GPS. Às vezes, eu o aciono mesmo sabendo o caminho, porque o aplicativo costuma me mostrar uma rota melhor. E, ao identificar uma rota nova, eu aprendo alguma coisa.

A maioria das pessoas ainda não escolheu um destino. Não tem objetivos. Algumas acreditam que têm, porém, ao pensar no assunto, percebem que não têm.

Um palestrante perguntou à plateia quais eram seus objetivos. Uma pessoa levantou a mão e disse que queria ganhar dinheiro. O palestrante lhe deu um dólar.

– Está feliz agora? – perguntou, sorrindo.

Um objetivo precisa ser específico e quantificável. Por exemplo, vou chegar aos 70 quilos no ano que vem. Vamos começar a fazer passeios semanais em família. Todo mês de abril, vou fazer meu check-up anual. E assim por diante.

Algumas décadas atrás, a Universidade Harvard avaliou um grupo de alunos numa pesquisa a fim de verificar quantos deles tinham objetivos traçados. O resultado mostrou que apenas 3% tinham. Trinta anos depois, os pesquisadores procuraram os participantes da pesquisa com o intuito de verificar como haviam se saído. Aqueles que tinham estabelecido metas atingiram, em termos financeiros, o equivalente à soma de todo o restante.

Portanto, quanto mais específico você for em relação ao futuro, maiores as chances de conseguir o que deseja. Os objetivos trazem o futuro até o presente, tornam visível o invisível. Se você deixar o acaso controlar sua vida, ela seguirá sem destino. É impossível seguir as coordenadas se elas não forem traçadas. E, aos 45 do segundo tempo, não dá para virar para trás e dizer que a vida foi injusta. Não, *você* foi injusto com a vida. E consigo mesmo.

Você programa as viagens de fim de semana nos mínimos detalhes: a companhia aérea pela qual vai viajar, o hotel em que vai ficar hospedado, os pontos turísticos que quer visitar. No entanto, cuida da vida como se ela fosse uma cama desfeita: toda vez que olha para ela, se sente mal, mas ainda assim não a arruma. A droga da cama não vai se arrumar sozinha!

Todas as pessoas que alcançaram grande sucesso tinham objetivos. E eram objetivos grandiosos. Essas pessoas queriam mudar o mundo. E sabiam muito bem o que precisavam mudar e como fazê-lo. Começaram traçando as coordenadas e, então, arregaçaram as mangas e foram à luta. O sonho era tão vívido na mente e no coração delas que, muito antes de se tornar aparente aos olhos dos outros, já era uma realidade. Veja os casos de Thomas Edison, Emmeline Pankhurst, Mahatma Gandhi, Martin Luther King, Rosa Parks, J. F. Kennedy, Nelson Mandela e Steve Jobs, para citar apenas alguns.

Os sonhos dessas pessoas eram sua bússola. Muitas delas seriam capazes de sacrificar a vida por eles.

Perguntaram a Helen Keller, ativista pelos direitos das pessoas com deficiência, como era ser cega. Ela respondeu:

– A única coisa pior do que ser cega é enxergar, mas não ter visão.

CRUELLA

Tarde de domingo. Dou um jeito de encaixar uma última corridinha antes que a semana acabe. São 8 da noite e, no caminho de volta para casa, paro num café em uma área agitada da cidade, com a intenção de comprar uma garrafinha de água. Estaciono em fila dupla. O caixa fica bem próximo, a menos de 10 metros do carro. Eu sei que estacionar em fila dupla é errado, mas não vou pegar prisão perpétua por causa disso.

Quando estou prestes a sair do carro, sinto alguém me observando. Eu me viro e noto que a janela do carro ao lado está aberta. Com as mãos no volante, a motorista me fuzila com os olhos. O olhar dela destila veneno. Ela diz alguma coisa que não escuto. Eu percebo o ódio, porém não respondo. Digo a mim mesmo que ela não está com raiva de mim; deve estar com raiva de si mesma. Ligo o carro para dar ré e deixá-la sair.

Mas o inimaginável acontece: a ré não engata. Tento outra vez. Não adianta. O mau humor da mulher contagiou meu veículo! Isso nunca tinha acontecido antes com meu carro. Fico perplexo. A essa altura, ela está furiosa, espumando pela boca. Ela faz uma manobra abrupta para sair da vaga. Desligo o motor, para que o carro possa dar uma respirada, e volto a ligá-lo. Tudo funciona e, por fim, consigo sair do caminho da mulher. Ela arranca e vai embora, *à la* Cruella.

Em outros tempos, eu teria batido boca por causa da reação da motorista. Não mais. Já aprendi quanto minha energia é preciosa e a protejo com a minha vida. Eu sei domar minha raiva. Entendo que o confronto com a motorista não foi pessoal e nada do que eu dissesse ou fizesse iria adiantar.

Eu identifico o que é ou não é controlável. Dedico-me ao máximo ao que posso controlar. E me desvio daquilo que não posso.

Talvez você pense que é fácil falar, mas difícil fazer. Não é, basta praticar.

Aprendi a me manter afastado de pessoas tóxicas. Depois desse incidente, nunca mais tive problemas com meu carro.

TALVEZ ELE TAMBÉM PRECISE DE UM POUCO DE TREINO PARA SE DESVIAR DE PESSOAS TÓXICAS.

RAÍZES

TODO VERÃO VAMOS À ILHA GREGA de Quios, no nordeste do mar Egeu. Minha família é de lá. Meus pais sempre fizeram questão de que a visitássemos com frequência para mantermos a conexão com nossas raízes. Eu me apaixonei pelo lugar e, hoje em dia, levo minhas filhas lá também.
O ritual dessas viagens é maravilhoso. Duas horas antes de o navio zarpar do porto de Pireu, forma-se uma longa fila de veículos. Eles também transportam famílias até a ilha. Amigos se reencontram e turistas são bem-vindos. Há muito riso e brincadeira. A próxima parada é a cabine do navio. As meninas tomam conta das camas de cima dos beliches e fazem planos para a noite. Constróem fortes com os cobertores, como se fôssemos ficar lá por dias. A viagem não leva nem seis horas. Em seguida, vamos ao convés e, da proa do navio, damos adeus ao porto. Assistimos a cada etapa da partida e vemos Pireu desaparecer ao longe.
No restaurante, escolhemos uma mesa perto da janela. Os comissários, de camisa branca engomada, anotam nossos pedidos. Eu sempre peço o arroz com molho vermelho. Era o que meu pai sempre comia; ele era capitão de navio, então devia saber o que estava fazendo. Em seguida, voltamos à cabine e contamos histórias à luz do luar. Minhas filhas me pedem para contar suas favoritas. Sendo franco, não sei quem gosta mais dessa parte, elas ou eu. As duas sempre adormecem no meio da história. Eu me acomodo

no beliche mais alto, junto com a caçula, posicionando-a perto da parede para evitar que ela caia, como minha mãe fazia comigo. Às 4h30 da madrugada, o despertador toca. Ainda na calada da noite, o comissário bate à porta, nos acordando antes da chegada. As luzes se acendem, assim não voltamos a dormir. Eu me levanto primeiro, a tempo de acordá-las e pegá-las nos braços, do jeito que meu pai fazia.

Seguimos de carro até o hotel e, no meio da escuridão, passamos por Myli, os três velhos moinhos de vento. Minha filha mais nova conta à irmã, adormecida ao seu lado, tudo que sabe dos moinhos. Mal consigo segurar o riso. Mais adiante, fica a estátua do Navegador Perdido. É onde minha tia preferida costumava fazer seus passeios. Hoje, ela nos olha do Céu e ri de nossas palhaçadas.

Chegamos ao hotel. A caçula empurra a malinha com uma das mãos e o patinete com a outra. Ela se recusa a deixá-lo no carro. Na escuridão, minha filha começa a andar em seu patinete de rodinhas fluorescentes, dando voltas e formando círculos imaginários no chão. Só ela é capaz de compreender a importância de não deixar seu patinete para trás. Só ela sente a riqueza do seu próprio mundo.

Entramos no quarto às 5h30 da manhã. As meninas estão sem um pingo de sono, assim como eu ficava na idade delas. A caçula abre o frigobar.

– Onde estão os doces? – pergunta, desapontada.

– Amanhã a gente compra na cidade – digo para tranquilizá-la.

Tento fazê-las voltar a dormir. Um pouco de carinho na barriga e nas costas, algumas historinhas e, em pouco tempo, nós três pegamos no sono, esparramados um sobre o outro.

No fim da manhã, a mais velha se levanta.

– Vou visitar a vovó e o vovô – afirma.

Peço um beijo e ela me dá uma beijoca na bochecha.

Tudo isso já aconteceu e a gente mal pisou na ilha!

Essa é a magia de ter raízes!
A magia de VIVER!
Mãe, pai, obrigado.

Manter a conexão com o lugar de origem é um ingrediente fundamental na vida. Fico muito satisfeito por poder passar isso para minhas filhas, na esperança de que elas façam o mesmo depois.

OBRIGADO A VOCÊS DUAS TAMBÉM.

SERÁ QUE ESTÁ TUDO BEM?

Acordei cedo numa cama quentinha, com lençóis limpos. Ao me levantar, minhas pernas me sustentaram; elas obedeceram a cada comando que dei. Meus pés me conduziram ao banheiro. Abri a torneira e apreciei a água limpa que jorrou dela. Levantei os olhos e me vi. Mais uma vez, o espelho fez seu trabalho com perfeição. Eu me mexi e minha imagem se mexeu junto comigo. Entrei no chuveiro e fechei o boxe. O perfume do sabonete invadiu minhas narinas e eu me deliciei com a água quente percorrendo a minha pele por um bom tempo – não há palavras para expressar a sensação. Terminado o banho, uma toalha macia e quentinha me esperava no aquecedor. Eu me enrolei nela.

Caminhei descalço pelo carpete até a janela, onde parei. As gotas de chuva lá fora não invadiam a minha casa. Eu as observei descendo pela vidraça e se unindo em padrões aleatórios. Desfrutei dessa imagem por algum tempo. Em seguida, peguei as roupas que vestiria entre muitas peças que estavam no armário. Eu me senti bem.

Abri a geladeira. Também havia várias opções ali. Preparei o café da manhã e espremi três laranjas suculentas. O espremedor funcionou às mil maravilhas. Tudo que precisei fazer foi pressionar a banda da laranja no topo do aparelho. Bebi o suco até a última gota. Eu me preparei para resolver algumas coisas e saí de casa, fechando a porta. Apenas minha chave será capaz de operar

a mágica de abrir aquela porta outra vez. Nenhuma outra chave é capaz de abri-la.
Caminhei até o carro. Sim, tenho um carro só meu, que também se abre com uma única chave. Pus a chave na ignição, girei, o motor deu a partida. Decidi não ligar o rádio, mas poderia ter ligado, se quisesse.
Na hora do almoço, fiz uma pausa. Fui a uma lanchonete e pedi uma deliciosa salada. Enquanto aguardava o pedido, observei as pessoas ao meu redor.

Meus olhos enxergavam.
Eu me senti muito sortudo.

Eu vi rostos: alguns felizes, outros nem tanto. Vi pessoas: algumas apressadas, outras tranquilas. Para onde eu olhasse, via formatos e cores.

Minha salada não demorou muito. Foi servida numa tigela limpa com bastante alface, frango quentinho, croutons crocantes e queijo fresco ralado por cima. Custou 5 euros. Eu tinha 5 euros. Peguei minha carteira e paguei.

Tenho ainda um telefone celular. Enviei algumas mensagens, me conectei à internet e fiquei por dentro do que estava acontecendo ao redor do mundo. O Facebook me lembrou do aniversário de um bom amigo. Fazia tempo que não nos falávamos, então liguei para ele. Nós dois ficamos felizes ao ouvir a voz um do outro.

Moro num lindo país ensolarado. Vivemos em paz. Sei que amanhã minha casa ainda vai estar no lugar. Nenhuma bomba perdida vai destruí-la. Vivemos em uma democracia. Posso dizer o que quiser, onde quiser e quando quiser. Posso sair de casa depois das 10 da noite. Posso correr, ver TV, caminhar, ler um livro ou ficar à toa. Posso me encontrar com um amigo ou ficar sozinho. Posso sorrir. Posso fazer o que eu quiser. Eu faço as escolhas.

No fim do dia, voltei para casa e destranquei a porta da frente. A chave cumpriu seu papel mais uma vez, sem me dar trabalho. E, de novo, meus olhos enxergavam, minhas pernas me sustentavam, minhas mãos eram capazes de segurar coisas. Minha cama quentinha estava no mesmo lugar em que a deixei. É verdade que não resolvi todos os problemas da vida naquele dia. Nem encontrei a solução para a paz mundial ou a crise ambiental. Apesar disso, foi um belo dia.

Talvez você não tenha uma casa, um carro ou um espremedor de laranjas. Talvez não tenha nenhum dinheiro no banco e esteja dando duro para se virar. Mas, quaisquer que sejam as circunstâncias, sempre há coisas pelas quais agradecer. Somos capazes de amar – nossos pais, parceiros, amigos e filhos. Podemos acreditar no que quisermos. Podemos acordar pela manhã, ver um pôr do sol no fim do dia, saber que o tempo seguirá passando. Temos uma mente capaz de ler e entender um livro. Mesmo nos dias mais difíceis, ainda podemos agradecer pela dor que sentimos. Porque, sem a dor, seria difícil apreciar as verdadeiras alegrias da vida.

EI! AS COISAS REALMENTE PODERIAM ESTAR BEM?

HUMOR

A VIDA É UM JOGO: você só perde se não jogar. Essa é uma das frases favoritas de meu mentor. Ele a repetiu até entendermos a mensagem.

Um dia, ouvi uma conversa na fila do banco e comecei a prestar atenção. Uma mulher, por volta dos 40 anos, conversava com um senhor mais velho. Ela estava falando que o pai não aparentava a idade que tinha.

– Quando as pessoas nos veem juntos, pensam que somos um casal! – diz ela. – Ali está ele! Pai, vem aqui, por favor?

Dei uma olhada. Um senhor animado, de passos rápidos, vinha se aproximando. O homem sorria de orelha a orelha, vestia bermuda com camiseta da moda e usava boné de beisebol – o eterno adolescente. Ele irradiava energia. O tipo de pessoa que, só de cruzar nosso caminho, ilumina o dia. Ele entrou na conversa.

– Quantos anos você acha que eu tenho? – perguntou ao senhor mais velho.

– Sessenta? – arriscou o homem.

– Setenta e cinco! – declarou o "adolescente", com orgulho. E deu uma risadinha.

Eu me virei, admirado. Não ia perder por nada a energia que aquele homem estava irradiando. Cedi meu lugar na fila às pessoas atrás de mim e entrei na conversa. Tudo no sujeito era um grande sorriso.

– A gente se conhece de algum lugar? – ele me perguntou. – Talvez a gente frequente o mesmo barbeiro? – e riu outra vez, tirando o boné. Não havia um fio de cabelo em sua cabeça. Nem na minha. – Será que a gente é da mesma turma de dança? Você gosta de nadar no inverno?

O cara fazia de tudo. E, o principal, não se esquecia de sorrir. Nem de fazer piada. Sobre qualquer coisa.

Alegria é tudo. A risada é filha da alegria e é também mãe – é como a história do ovo e da galinha. Se está feliz, você ri, mas também é possível rir para se sentir feliz. E, na base de tudo isso, está o senso de humor; é ele que controla o modo como nos sentimos. Humor é vida. É a esperança de que algo novo, especial, esteja surgindo. Humor é a celebração da vida.

Pessoas com senso de humor são mais felizes. Elas permanecem jovens, adoecem menos, têm mais brilho. Reluzem. Onde quer que estejam, atraem energia positiva, como se espalhassem pó de fada por aí. Elas transformam o mundo num lugar melhor.

Senso de humor é sinal de caráter, graça e elegância. Todas as pessoas notáveis tinham senso de humor.

✺

Winston Churchill e a parlamentar britânica Lady Astor eram famosos por causa das tiradas espirituosas. Uma vez, Lady Astor disse:

– Se o senhor fosse meu marido, eu colocaria veneno no seu chá.

Ao que Churchill respondeu:

– Senhora, se eu fosse seu marido, eu beberia.

NEM TODO MUNDO
VAI GOSTAR DE VOCÊ

ENCARE OS FATOS. É VERDADE. Eu precisei de muito tempo até entender que não seria amado por todo mundo. Primeiro de dezembro de 1998. Estou no palco, lançando minha nova empresa. Estou tão feliz que poderia explodir. Só que, bem no meio da melhor parte da apresentação, sou tomado por um sentimento estranho e, no instante seguinte, não consigo falar uma palavra. Foi como se o sistema de som tivesse sido desligado de repente: silêncio. Abro e fecho a boca, mas a única coisa que sai é o ar. Num instante, sem aviso prévio. Em condições normais, o sistema de som voltaria a funcionar após algumas horas. O meu ficou mudo por seis meses. Por seis longos meses, não fui capaz de articular uma única palavra. Apenas sussurros. Ninguém conseguia me ouvir, nem mesmo eu. Quase enlouqueci.

Disfonia psicogênica, disseram. Os exames mostraram que minhas cordas vocais estavam normais. O problema estava em outro lugar. Como de costume, era na cabeça.

No passado, eu era a definição do "cara bacana". Ninguém tinha nada negativo a dizer a meu respeito. Até que, um dia, alguém disse.

Poucos meses antes de perder a voz, fui acusado de uma coisa bem grave – pelo menos segundo meus padrões. E eu não tinha como provar que era um engano. Por fim, depois de desabafar, achei que tinha me livrado do problema, mas alguma coisa ainda me corroía. Eu fiquei tão abalado que um amigo médico me disse que, se eu fosse mais velho ou tivesse uma saúde frágil, poderia ter sofrido um AVC.

Desde a infância, nós buscamos a aprovação dos outros. Somos ensinados a ser bons: limpar o prato, obedecer aos pais e não criar problema. Em resumo, somos ensinados a fingir. Na vida adulta, fica difícil dizer "não" às pessoas, aos favores que elas nos pedem. Quando você estremece diante da ideia de dizer "não", é seu eu interior, de 5 anos, quem está no controle das cordinhas da marionete. Aquela criança tem medo da rejeição e quer fazer todo mundo sorrir e se sentir feliz. E quanto mais a criança mexe nas cordinhas, mais emaranhadas elas ficam.

Mais importante do que agradar aos outros é estar bem consigo mesmo, sentir-se confortável com aquela vozinha em sua cabeça que sempre sabe o que é melhor. Você deve a si mesmo aqueles "nãos". Cada "sim" – dito a si mesmo – deve ser a base sobre a qual as outras escolhas repousam com firmeza.

Nem todo mundo vai gostar de você. Ao aceitar esse fato, sua vida vai mudar. É preciso amar a si mesmo mais do que a qualquer pessoa. Só assim somos capazes de amar os outros.

※

Pouco tempo atrás, ouvi a frase: "Vou me cuidar por você, desde que você se cuide por mim." Antes, isso era considerado egoísmo.

HOJE EM DIA, CHAMAM DE AUTOESTIMA.

CANAIS DE IRRIGAÇÃO

Um amigo que entende tudo de lavouras me explicou como funcionam os canais de irrigação. Você abre um canal na terra e, no início, o solo é macio. À medida que a água passa, o solo se umidifica e a água começa a moldar o sulco. Com o tempo, o solo fica compactado. Por fim, o sulco parece feito de cimento. A água reconhece o caminho e segue por ele, sem hesitar.

O cérebro humano é feito de bilhões de neurônios. Sempre que pensamos ou fazemos alguma coisa, um neurônio se conecta a outro, abrindo caminho. Cada neurônio pode se ligar a milhares de outros. A tendência é que nossos neurônios se conectem com os mesmos neurônios repetidas vezes. Chama-se rotina.

Nós vamos ao trabalho pelo mesmo caminho. Levantamos da cama no mesmo horário todas as manhãs. Vemos os mesmos programas na TV. Pensamos as mesmas coisas. Convivemos com as mesmas pessoas. Fazemos amor nas mesmas posições. Passamos as férias no mesmo lugar. Isso é uma esteira, não uma vida.

Nossos neurônios são como os canais de irrigação. A água faz com que pareçam feitos de cimento. A imaginação, por sua vez, precisa correr solta. Precisa criar, desafiar ideias, desbravar novos caminhos, libertar-se da rotina. Ainda assim, não permitimos.

Eu corro toda manhã e gosto de ouvir audiolivros durante o percurso. Ouço um por semana. Um dia desses, contudo, decidi escutar as músicas favoritas da minha filha. No início me senti um pouco culpado por não estar aprendendo nada novo, mas, aos poucos, comecei a gostar do que ouvia. Voltei para casa com um tipo diferente de energia, de humor e de mentalidade. Voltei um outro homem. Tinha quebrado o cimento.

Tanto faz se você pensa que o cimento lhe faz bem ou mal, mas, da próxima vez que estiver sucumbindo à rotina, tente fazer uma coisa diferente e veja como se sente. Se corre, descanse. Se gosta de ler, fique sem fazer nada por um tempo. Se pedala, vá de carro. Se gosta de arroz, coma espaguete, para variar.

Privar-se de uma coisa da qual você gosta, nem que seja uma vez só, não é adversidade. É força.

※

Um dia desses, compartilhei uma ideia com um amigo.

– Por que *eu* não tinha pensado nisso antes? – ele resmungou.

TALVEZ POR CAUSA DOS CANAIS DE IRRIGAÇÃO...

QUANTO CUSTA UMA GARRAFA DE ÁGUA?

QUANTO CUSTA UMA GARRAFA DE ÁGUA? No supermercado, é possível pagar bem menos do que dois euros. Mas e se você estiver no meio do deserto, morrendo de sede? Nesse caso, ficaria feliz em pagar uma fortuna.

Estávamos a caminho de casa, saindo da pequena e bonita ilha grega de Simi. Primeiro, seguíamos com a balsa até uma ilha maior, Rodes, onde pegaríamos o avião. A viagem na balsa leva uma hora e meia.

Fomos ao convés. À primeira vista, parecia que todos os bancos estavam ocupados. Examinando bem, encontramos um lugar com um rapaz sentado sozinho.

– Podemos nos sentar aqui? – perguntamos.

Ele anuiu e pegou a mochila ao lado dele, embora fôssemos nos sentar no banco em frente.

Sorrimos, um pouco sem jeito, e não olhamos mais um para o outro. Pelo canto do olho, percebi outra bolsa em cima do banco. Pouco tempo depois, a dona da bolsa se aproximou – a namorada. Ela também sorriu para nós, com gentileza. Sorrimos de volta, sem dizer nada.

Depois de um tempinho, nós nos dirigimos à popa para nos despedirmos da bela ilha. Com um gesto, perguntamos se o casal poderia ficar de olho em nossa bagagem. Eles fizeram que sim com a cabeça e sorriram. Sem uma palavra.

O barco partiu; nós voltamos aos nossos lugares. A pantomima continuou.

Fui buscar água. Quando a comissária me perguntou quantas garrafinhas eu queria, em vez de uma, eu disse duas. Eu não tinha planejado levar água para o casal, mas, de repente, a ideia me passou pela cabeça. Eu gosto de compartilhar.

Voltei e pus uma das garrafas de água gelada na mesinha em frente ao jovem casal. Eles ficaram surpresos e contentes. A moça me agradeceu e, num piscar de olhos, o gelo e o silêncio se quebraram. Começamos a falar de Simi, de nossas férias e muitas outras coisas. Estávamos todos felizes.

Não nos tornamos melhores amigos. Não trocamos números de telefone. Não contamos uns aos outros as histórias de nossa vida. Não precisávamos fazer nada disso, afinal. Entretanto, nos conectamos, nos sentimos bem, nos sentimos humanos. Trocamos sorrisos e foi maravilhoso. Ao chegar a Rodes, nos despedimos calorosamente.

Às vezes, é preciso bem pouco
para fazer alguém feliz.

Quanto me custou aquela garrafa de água? Dois euros.

QUANTO ELA VALIA? MILHARES...

MENOS É MAIS

Toda vez que escrevo alguma coisa, leio e releio até ter retirado todas as palavras desnecessárias. Livrar-se até mesmo de uma vírgula pode valer a pena. Se você pretende flutuar, é bom se livrar do peso morto. No passado, eu me esforçava para impressionar as pessoas usando muitas palavras. Achava que quanto mais eu falasse, mais importante pareceria.

Na verdade, quanto mais você teme não entender de um determinado assunto, mais você fala sobre ele. Se tem certeza do que sabe, menos sente necessidade de falar. Compreender isso foi um choque para mim.

Os grandes palestrantes são concisos. Vão direto ao ponto, sem enrolação.

A brevidade é a fonte da sabedoria.

A única coisa que o maior professor de todos os tempos disse a seus alunos foi "Sigam-me". Ele não precisou falar mais nada.

Simplicidade e comedimento também podem beneficiar outras áreas de nossa vida. Tempos atrás, meu guarda-roupa estava lotado. Por alguma razão, eu achava que não conseguia viver sem todas aquelas peças. Até que certo dia decidi arrumar a bagunça.

Resolvi doar tudo que eu não tivesse usado no último ano. Meus armários ficaram mais vazios e minha casa pôde respirar. Tudo pareceu mais calmo e eu me senti mais leve.

Em 2001, Steve Jobs pediu à sua equipe que projetasse o primeiro iPod da Apple de modo que o usuário conseguisse tocar a música que quisesse com apenas dois toques em um botão. A equipe insistiu que só seria possível com três. Jobs deu um pouco mais de tempo, correndo o risco de atrasar o lançamento do produto. No fim das contas, eles conseguiram a função do jeito desejado. Aquele toque a menos fez toda a diferença e foi parte do imenso sucesso da Apple.

Alguns anos atrás, eu estava em minha livraria favorita, procurando por livros novos. Um deles chamou minha atenção e só precisei ler o título antes de decidir comprá-lo: *Menos é mais*.

ISSO DIZ TUDO.

OS SINAIS

Estávamos com pressa. Sempre estamos apressados a caminho do parque de diversões. Nem eu nem as meninas queremos perder um minuto da brincadeira. Elas estavam no banco de trás do carro, falando bobagens e dando risadinhas. Eu dirigia rápido, mas com cuidado. E então, de repente, uma luzinha vermelha piscou no painel. Eu nunca tinha visto aquela luzinha antes, mas imaginei que tivesse alguma relação com a pressão dos pneus. Tentei ignorá-la, porém ainda podia vê-la com o canto do olho. A vozinha inconveniente começou a discutir comigo:
– Amanhã – eu disse.
– Não, hoje – respondeu a voz. – Pode ser sério. O posto é logo ali.
O carro entrou no posto como se estivesse no piloto automático.
O atendente se mostrou o mais atencioso possível. Eu apontei para a luzinha.
– Vamos resolver – disse ele. – De que calibragem os pneus precisam?
– Não sei. Será que você pode me ajudar a descobrir?
E foi o que ele fez. No fim das contas, a pressão estava muito alta. Era o pneu reserva que eu tinha colocado na semana anterior. Com cuidado, ele retirou o excesso de ar e eu lhe dei uma generosa gorjeta. Minhas gorjetas já foram bem sovinas. Não mais. Dar

boas gorjetas me faz feliz. O atendente abriu um largo sorriso. Todos sorrimos e retomamos nosso passeio.

Talvez tenhamos chegado ao parque de diversões alguns minutos depois do planejado, mas eu apreciei ainda mais o tempo que passamos lá porque sabia que tinha feito o que precisava. É comum a gente não fazer o certo. Em vez disso, optamos pelo fácil.

Não gostamos de nos sentir pressionados. Por isso não levamos a vida que queremos.

Ignoramos os sinais – mesmo quando a luzinha vermelha se acende. "Por que se preocupar?" é a pergunta que corrói sua vida, pouco a pouco. "Por que se preocupar com aquele pneu?" e, depois, "Por que sair do sofá?", "Fazer um check-up?", "Ir à academia?", "Ler aquele livro?". Assim a TV segue ligada e você evita aqueles questionamentos difíceis enquanto se enrosca no sofá. Sem que se dê conta, os anos passam. Até que, um dia, você se olha no espelho e fica bravo por ter deixado todo aquele tempo passar.

No início, é uma luzinha vermelha.
Depois, um imenso sinal luminoso piscando.
Então, ele lhe atinge em cheio.
– Que diabos aconteceu com a minha vida? – você pergunta.
– Quem a roubou de mim? Meu chefe? Meu par?
Dê uma boa olhada no espelho. Você a roubou.
Está na hora de devolvê-la.
Hora de perceber os sinais e tomar uma atitude.

SENTIR-SE CONFORTÁVEL DEMAIS É UMA MORTE LENTA E DOLOROSA.

NÃO É DA SUA CONTA

CONSIDERANDO A FORMA COMO alguns de nós conduzimos nossa vida, às vezes eu me pergunto como conseguimos viver tanto tempo. O tanto que nos incomodamos com a vida alheia basta para nos trazer uma morte prematura.

Certa manhã, eu estava em meu píer favorito, numa praia perto de casa, em Atenas. Dei um rápido bom-dia aos meus parceiros de natação e me preparei para entrar na água. Então, percebi que uma conversa interessante acontecia ali perto.

Duas mulheres com pouco mais de 70 anos, com cabelos brancos, só pele e osso, estavam discutindo, como aqueles dois velhotes de *Os Muppets*. Eu me aproximei até conseguir ouvir a conversa. Não deixo passar chances como essa.

– Eu vou falar assim que ele sair.
– Isso tem que acabar. Ontem ele também fez isso.
– Olha só para ela [a esposa]. Nem sequer notou. Nem se importa.
– Se ele se afogar, vai ser culpa dela.
– É sempre assim!
– Ele se acha invencível.
– Vou falar com ele assim que ele sair.
– Isso mesmo.
– Aí vem ele: está saindo da água.

Eu conheço as pessoas que nadam naquele píer e sabia muito

bem quem era o alvo da fofoca. O sujeito saiu da água. Em boa forma, animado e muito simpático. Já tinha mais de 70 anos também, apesar de passar, tranquilamente, por alguém de 60. Ao tirar os óculos de natação, ele percebeu que a dupla estava esperando por ele.

– Como vão, meninas? – perguntou, sorrindo.

– Nós estamos excelentes, George, mas você não vai estar se continuar desse jeito – disse uma delas, com o dedo em riste e a outra mão apoiada na cintura.

A partir desse momento, não me lembro muito bem do que foi dito, porém o cerne da questão foi:

– Você tira os óculos de natação e se afasta demais. Isso não é coisa para alguém da sua idade. Você não é mais um garoto, George. E se acontecer alguma coisa? Se você passar mal ou sentir uma câimbra? O que vai fazer, hein?

Quanto mais elas falavam, mais se exaltavam. George só ria. Eu entrei na água.

Tudo bem, esse é um exemplo exagerado. Ainda assim, nós vivemos versões disso o tempo todo. Metemos o nariz na vida dos outros e os julgamos como se eles tivessem pedido nossa opinião. Achamos que todo mundo deveria ser como a gente. Gastamos energia e comprometemos nossa saúde com o único propósito de nos metermos na vida alheia. Como se já não tivéssemos nossos próprios problemas, passamos a cuidar dos assuntos de outra pessoa!

Cuide de sua vida e deixe que os outros cuidem da deles.

Enquanto você mete o nariz na vida alheia, quem está cuidando da sua?

Ninguém.

Um incidente de infância me marcou e parece relevante aqui. Sempre que penso nisso, fico entre o riso e o choro. O caso envolveu dois de meus amigos, Georgie e Nicky. Nicky teve uma criação muito rígida.

Estávamos na praia e Georgie tinha acabado de sair da água. De brincadeira, ele pôs um ouriço na perna da mãe, de um jeito bem desengonçado, e ela foi espetada por alguns dos espinhos. Ela berrou de dor, deu uma bronca nele, mas logo o perdoou.

Nicky perguntou à mãe de Georgie:

– A senhora não vai dar uma surra nele?

– Não, Nicky. Ele não fez por mal.

– Eu posso bater nele em seu lugar?

Lamentável.

AINDA ASSIM, É ISSO QUE FAZEMOS.

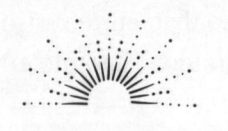

ENXERGUE A BELEZA

Eu tenho um primo querido, um ótimo pai de família, com grandes ideais e bom no que faz. É difícil encontrar um defeito nele, porém eu consegui.

É um belo dia de primavera, em abril. O sol brilha forte, mas sem muito calor. Meu primo, eu e alguns amigos estamos numa praia nos arredores de Atenas. Algumas pessoas caminham pela orla, outras correm ou passeiam com o cachorro. Há gente nadando e jogando frescobol. É uma celebração da vida. Tudo parece harmonioso, como numa daquelas maquetes com miniaturas em que tudo é perfeito de um modo irreal. Bom, nesse dia o cenário, de fato, estava perfeito.

Passamos umas duas horas ali, nos divertindo – bem, três de nós. Não o quarto. Adivinha quem? Três de nós tínhamos os olhos fixos no lindo mar azul e no nosso entorno. Não meu primo. Nós olhávamos à frente, ele olhava para trás, na direção das pessoas com toalhas de piquenique. Nós nos concentrávamos nas ondas; ele, na maionese. Meu primo estava tão absorto no piquenique alheio que deixava escapar o cenário. E quanto mais distraído ficava, mais tenso se sentia.

O foco tanto pode insuflar vida como roubá-la.

Sucesso é ter o que se quer.

Mas felicidade é querer o que se tem. A maioria de nós não entende essa segunda parte.

Não entendemos porque não focamos nas coisas certas. Não nos damos conta da sorte que é ter dois braços e duas pernas, uma voz a ser ouvida e ouvidos para escutar. Não apreciamos a sorte de viver em uma democracia na qual podemos dizer o que queremos, quando quisermos.

Não existe uma realidade objetiva. Existe apenas a realidade subjetiva: cada um de nós experimenta sua própria versão da realidade. Em outros tempos, as pessoas revelavam filmes em um quarto escuro. É aí que o foco entra em cena. É aí que se intensifica ou se ameniza a cor; que a fotografia fica mais clara ou mais escura; que se obtém uma imagem nítida ou borrada. Você pode comparar o foco a um músculo – talvez o menos tonificado que temos –, o mais importante de todos. A forma como você enxerga o mundo ao seu redor vai determinar sua felicidade. Vai determinar sua vida.

※

Era uma vez dois homens pobres que vendiam sapatos. Eles foram a um país onde as pessoas andavam descalças. Um dos homens resolveu ir embora.
— Ninguém usa sapatos aqui — reclamou ele.
O outro discordou.
— Este é o lugar onde farei fortuna — afirmou.

E FEZ MESMO.

QUINZE HORAS ATÉ VÉRIA

ELA SE CHAMA IRENE. É professora de idiomas e o tipo de pessoa que sabe o que quer, luta pelo que deseja e aproveita a vida muito bem. Diplomacia e gentileza são dois outros ingredientes que fazem dela uma pessoa muito singular.

Irene entrou em contato comigo e pediu que eu fosse a Véria, no norte da Grécia, conversar com pais e professores da escola local sobre um novo curso que eu estava desenvolvendo. Trata-se de ensinar crianças e adultos a adotar uma nova mentalidade na vida. Meu sonho é ver esse curso ministrado em todas as escolas da Grécia.

Assim que pus os pés no pátio da escola, fiquei embasbacado. O lugar me levou de volta à minha velha escola em Atenas, nos anos 1970: mapas nas paredes, uniforme azul e branco, bebedouros nos corredores e crianças brincando de pega-pega. Foi como se eu tivesse passado por tudo aquilo em outra vida. Só que era esta mesma vida. A única diferença era Lefteris, o diretor sorridente – o tipo de diretor que eu sempre quis ter.

Cerca de cinquenta professores e pais compareceram à apresentação naquela noite. Eles tinham mil razões para ficar em casa, passar o tempo com os filhos, curtir a família e relaxar. Mesmo assim, optaram por olhar a vida de uma perspectiva diferente, de modo que pudessem oferecer a seus alunos e filhos um futuro melhor.

Durante duas horas, estivemos em total sincronia. Durante duas horas, abrimos o coração uns aos outros. Eles participaram, fizeram perguntas, trocaram ideias e se inspiraram. No final, saíram com um sorriso no rosto, se perguntando: "Essa vida mágica poderia mesmo existir?"

Mais tarde, os professores insistiram em me levar para jantar. Não à custa da escola – eles estavam pagando do próprio bolso. Eu me prontifiquei a pagar minha parte, é claro, mas eles insistiram; essas pessoas tinham sofrido vários cortes no salário nos últimos anos. Eram pessoas orgulhosas.

Na manhã seguinte, eu precisava ir embora cedo. Mesmo assim, dei um jeito de fazer uma visita à Biblioteca Pública Central de Véria, da qual muito me orgulho. É uma das poucas bibliotecas do mundo a vencer o prêmio Access to Learning, da Fundação Bill & Melinda Gates, concedido a bibliotecas e organizações similares que se empenham em garantir acesso público e gratuito a fontes de informação, redes de computadores e à internet. Com 60% da população como membros registrados, é a menina dos olhos da cidade. Além de livros e DVDs, o lugar abriga oficinas, seminários, uma sala de inspiração, apresentações teatrais e outros eventos, impressoras 3D e um estúdio de gravação. Fiquei maravilhado.

No caminho de volta a Atenas, fiquei pensando nos educadores que eu tinha conhecido no dia anterior e no empenho deles em transformar sonhos em realidade.

Eu havia dedicado uma pequena porção de minha vida à deles. E eles, à minha – até sermos uma única mente. A lição mais importante não foi a que eu tentei lhes ensinar, mas a que eles me ensinaram: como é maravilhoso trabalhar com outras pessoas e alcançar algo bonito.

Tenho orgulho de viver em meu país maravilhoso.
Tenho orgulho de ser grego.

O ELETRICISTA

Ele me foi recomendado por um amigo em cujo bom senso confio porque só faz indicações certeiras. O eletricista se chamava Yannis e era excelente. Percebi isso assim que ele pôs os pés em minha casa. Yannis poderia ser um cientista. Na verdade ele é, em sua área de atuação.

Rápido, preciso e organizado. Eu cuidei de minhas coisas e ele fez o serviço dele. É o tipo de pessoa a quem não é necessário dizer duas vezes o que precisa ser feito.

– Isto aqui precisa de conserto. Posso arrumar? – ele perguntou, a certa altura.

– Claro, Yannis – respondi, concentrado em meu trabalho.

– É que não consigo consertar sem quebrar antes – disse ele.

– Como assim? – perguntei, como se estivesse saindo de um transe.

– Não consigo consertar sem quebrar antes, Stefanos. Não dá para fazer de outro jeito.

Aquilo me fez pensar: para consertar uma coisa, às vezes é preciso quebrá-la.

Minhas filhas fazem isso quando brincam de Lego. Elas montam castelos, casas e escolas, que adoram. Não querem desmontar. Contudo, em algum momento, acabam as peças para construir outras coisas. Depois de choramingar um pouco, elas se dão conta de que precisam destruir o velho antes de construir o novo.

Eu vejo isso acontecer na vida também. Uma coisa morre para dar lugar ao novo; morre a fim de renascer. Isso vale para relacionamentos, amizades, negócios, construções, emoções – tudo. É comum a gente se apegar ao antigo. E, ainda assim, se não nos desapegarmos, não conseguimos abrir espaço para o novo. Não há lugar. Se não nos livrarmos das roupas velhas, não haverá espaço no armário para as novas. Se o verão não passar, o outono não virá. Se você não esvaziar a mente, não poderá enchê-la com novas ideias. Entretanto, não gostamos de mudanças. Não queremos passar adiante as camisetas nem que o verão acabe, e não queremos esvaziar a mente. Assim, seguimos tratando nossos filhos de 18 anos como se fossem crianças; não superamos o fato de que nossa namorada (ou namorado) seguiu em frente; agimos como se ainda estivéssemos em 2011, na "era dourada" da Grécia, no tempo em que tudo era "melhor". A gente prefere arrastar a âncora pelo leito do oceano a içá-la. Não à toa estamos sempre adoentados.

Quando você resiste à realidade, adivinha quem vence.

Se não tirarmos os olhos do retrovisor enquanto dirigimos, em vez de olhar para a frente, adivinha o que vai acontecer.

Desde o momento em que nascemos, só há uma certeza: que, um dia, vamos morrer. E aquele que mais teme a morte é quem menos vive. Então, comece a viver.

NÃO AMANHÃ. HOJE.

ESPERE POR KOSTAS

Eu estava no banco. Depois que a papelada ficou pronta, a gentil funcionária me acompanhou a uma das filas do caixa.

– Espere por Kostas nesta fila – disse ela.

Enquanto eu esperava, tive tempo de observar os dois atendentes: Kostas e uma mulher. Logo entendi por que ela me dissera para esperar por Kostas.

Ele era um jovem na casa dos 30, com uma camisa roxa muito bem passada e cabelo penteado. Seus óculos destacavam seus olhos. Ele mantinha a postura ereta e recepcionava todos com um sorriso. Mesmo sendo eficiente no trabalho, ainda reservava um tempinho para direcionar uma palavra gentil a cada cliente. Se sua atitude passasse alguma mensagem, seria: "A resposta é sim. Como posso ajudar?" Continuei a observá-lo enquanto uma mulher se aproximava, acompanhada do filho de 6 anos. Esperei para ver se Kostas falaria com a criança. Foi como se ele tivesse lido minha mente.

– Como vai, amigão? – disse, cumprimentando-o também com o olhar.

O menino sorriu e olhou na direção da mãe, cheio de orgulho. Foi como se tivesse crescido 25 centímetros em um segundo.

A outra gerente tinha mais ou menos a mesma idade de Kostas. No entanto, parecia mais velha: usava óculos redondos um pouco fora de moda e uma blusa meio amassada. Sua postura era curvada, o cenho era franzido. Vê-los lado a lado me fez pensar na história do Sr. Sorriso e da Senhora Careta que eu lia para minhas filhas. Ela não era uma funcionária ruim, porém – como posso explicar? –, se você fosse um ímã, seria atraído por Kostas.

Chegou a minha vez. Entreguei os documentos e expliquei o que queria. Ele entendeu de imediato. Em dois minutos, colheu minha assinatura.

– Só isso? – perguntei.
– Ainda não! – respondeu ele com um sorriso.

Nos dois minutos seguintes, Kostas me passou o restante da papelada.

– Agora terminamos – disse, sorrindo, e em seguida cumprimentou o próximo cliente da fila.

Ele e a outra funcionária ganham o mesmo salário, trabalham no mesmo banco e têm o mesmo chefe. Vivem no mesmo país. Mas Kostas encontrou uma razão para se levantar todos os dias e ir se deitar com um sorriso.

É uma alegria trabalhar com pessoas como Kostas.
É uma alegria ainda maior *ser* uma pessoa como Kostas.

ISSO TAMBÉM VAI PASSAR

Eu tenho um ritual nas manhãs de terça-feira. Meu amigo Mihalis e eu nos encontramos às 6h45, pouco antes do nascer do sol. Depois dos cinco minutos habituais de bate-papo, começamos a correr. Nossa corrida dura exatos 35 minutos. Nossa língua também se exercita, porque a gente conversa o tempo todo. Com cinco minutos de corrida, o papo já fica profundo. Celebramos cada vitória, porque consideramos grandes as pequenas coisas da vida. Mihalis é um bom homem, um profissional excelente e um pai de família amoroso, mas muito duro consigo mesmo, na minha opinião.

A corrida sempre acaba com um mergulho no mar. Hoje Mihalis estava com pressa, então fui nadar sozinho.

Nadei até o ponto de costume e olhei em volta, apreciando a vista. Dava para ver, ao longe, os prédios por toda a costa. Essa paisagem não mudou nada nos últimos dez anos. Nunca me canso de admirá-la, mesmo que já a tenha visto inúmeras vezes; no inverno, no verão, às vezes na chuva e até mesmo coberta de neve.

Dez anos atrás, minha empresa estava indo muito bem e eu nadava para celebrar. Depois, há cinco anos, comecei a passar por dificuldades, então nadava para clarear as ideias. Há dois anos, a paisagem era a mesma, com exceção de uma coisa: depois de anos lutando a fim de salvar minha empresa, eu não precisava mais me preocupar com ela. Parece que foi ontem.

O tempo voa de verdade.

O *agora* costuma se parecer com um vasto oceano. As preocupações parecem nos inundar como um tsunami.

Você acha que não há saída. E, ainda assim, depois de apenas um ou dois anos, por mais difícil que tenha sido lá atrás, tudo vai parecer melhor. Você percebe que aquilo aconteceu por um motivo. Havia alguma lição a ser aprendida.

✺

O rei pediu ao sábio que lhe ensinasse sua lição mais profunda.

– Posso lhe dar metade de meu reino, se preciso for – disse o soberano.

O sábio rejeitou a oferta e deu um presente ao rei: um anel.

– Todas as manhãs, Vossa Majestade vai pegar o anel e ler a inscrição que ele contém. Depois, vai guardá-lo de volta.

O rei concordou. Na manhã seguinte, mal podia esperar. Cheio de ansiedade, pegou o anel e leu o que estava escrito:

"ISSO TAMBÉM VAI PASSAR."

NÃO SEJA UMA ABELHA

Já faz quinze anos, mas jamais me esquecerei dessa história. Eu a ouvi durante um workshop. O palestrante respirou fundo. A expressão em seu rosto mudou, como se ele estivesse prestes a compartilhar o segredo do sentido da vida. E foi o que ele fez. Aquilo passaria a ser nosso segredo também, que compartilharíamos.

– Encoste o fundo de uma garrafa vazia no vidro da janela – disse ele. – A luz do sol entrará pelo vidro. Coloque uma abelha dentro da garrafa. A abelha é um inseto "inteligente" – ele enfatizou a palavra "inteligente" –, com regras para tudo. Regras rigorosas demais, infelizmente. A abelha sabe que a saída sempre fica na direção da luz, sem exceções. Assim, ela insiste em voar até o fundo da garrafa e nunca consegue sair. Em pouco tempo, morre. Agora – continuou ele – ponha uma mosca na garrafa. A mosca é um inseto "burro". Uma mosca não segue regras. Ela sabe que não sabe. E, por isso, tenta encontrar respostas. A mosca vai voar de um lado para outro, para cima e para baixo, para a esquerda e para a direita. No fim das contas, vai encontrar a saída da garrafa. Vai sobreviver. Não sejam abelhas – ele nos disse. – E evitem as pessoas que são abelhas. Sejam moscas. Saibam que não sabem e sigam em busca das respostas.

Eu vejo as pessoas se fechando em caixas – como aqueles antigos cofres de ferro, pesados. Elas criam uma combinação para o cadeado e se trancam lá dentro. Ao longo do caminho, chegam a se esquecer da combinação. E aí se esquecem de que estão trancadas, porque o cofre se transforma no mundo delas. Você fala com elas, elas não ouvem. Mostra a saída, elas não enxergam. Elas se transformam em abelhas.

O problema não é não saber.
O problema é achar que sabe.

Quanto mais a pessoa acha que sabe, mais se fecha.

A escola termina, mas o aprendizado continua. Siga aprendendo até o dia de sua morte. Deixe o conhecimento entrar e banhe-se em sua luz e em seu calor, como faria com o sol da manhã. Encha-se de vida. Não deixe que os dias passem, apenas. Aprenda com eles. Não se pergunte quanto dinheiro é preciso ganhar. Pergunte o que é preciso aprender. Esse é o tipo de vida que você merece ter.

Sócrates disse: "Só sei que nada sei."

UMA DAS MAIORES MENTES DO MUNDO ERA UMA MOSCA.

O PEDINTE

A primeira vez que o vi se aproximar de meu carro, evitei fazer contato visual. Ao perceber que não receberia nada de mim, ele tentou o carro seguinte. Fiquei olhando pelo retrovisor para ver se o outro carro lhe daria alguma coisa. Então, o sinal ficou verde.

Na próxima vez que o vi, olhei mais de perto. O gorro – do tipo que você nunca espera ver num homem de 70 anos –, a barba grisalha, os olhos brilhantes e a falta dos dentes da frente me tocaram. Ao nos olharmos, ele seguiu seu caminho, sem esperar nada de mim. Tive a impressão de que ele havia me reconhecido.

Em nosso terceiro encontro, tive um pouco mais de sorte: eu tinha meia pizza no banco do passageiro. Ela estava ali justamente para o caso de eu encontrá-lo. Assim que abri a janela do carro, o homem pareceu sentir o cheiro. Eu lhe entreguei a caixa fechada e foi o que bastou. O rosto dele se iluminou na mesma hora. Ele abriu um sorrisão e se transformou, como se uma máquina do tempo o tivesse feito viajar 30 anos no passado e me levado junto. Foi como aquele brilho que a gente vê nos filmes, na cena em que um milagre acontece. No entanto, não se tratava de um efeito especial. Era real e atravessou todo o meu ser.

Quando o vi outra vez, não percebi nenhuma expectativa da parte dele e gostei disso. Ele me deu um sorriso de longe – um sorriso cortês, entre iguais. Eu me lembrei das bananas que estavam no carro. Fiz um gesto com a cabeça e ele se aproximou rapidamente. Eu lhe ofereci uma. Ele abriu o largo sorriso, já familiar. Parecia que estava me agradecendo por lhe garantir uma alimentação saudável.

Hoje somos camaradas. Se paro num sinal da vizinhança, dou uma olhada, procurando por ele. Se tenho alguma comida no carro, dou a ele. Se tenho algum trocado, dou a ele. Ele reconhece meu carro e, quando me aproximo do cruzamento, ele me olha – não de modo insistente, mas com discrição, do jeito que sabe fazer. É um relacionamento de respeito mútuo, no qual um não depende do outro, no qual um reconhece os limites do outro.

Nos últimos tempos, venho aprendendo a investir em relacionamentos com estranhos; com pessoas que vejo pela primeira vez na vida – e talvez última. Um transeunte, a pessoa na cabine de pedágio, o caixa da farmácia. Um sorriso, um obrigado, um bom-dia, um aceno, tudo me enche de alegria. É como se todo o meu ser se recarregasse, como o dínamo que usávamos em nossas bicicletas.

Dizem que damos aquilo que recebemos. E é verdade. É como um desenho que tem seu contorno exato aparecendo no verso do papel. Todavia, é preciso doar por amor ao gesto, não por calcular o que receberá em troca. Caso contrário, seu desenho nunca será espelhado.

No fim das contas, é um balancete perfeito. Crédito e débito sempre se compensam.

É como no curso de contabilidade que fiz na universidade. Aprendemos que crédito e débito se equilibram. A única diferença é que você nunca sabe quando seu ano fiscal vai terminar, e, seja como for, isso não tem importância. O Grande Contador do Céu equipara tudo na hora certa.

Se seu crédito e seu débito não se equivalem, não reclame. Amplie o débito. Entretanto, não o faça só para ter as contas em dia. E não espere nada em troca. O retorno virá. Mesmo assim, não faça as coisas pensando nisso. Estraga a fórmula.

Você recebe quando menos espera e nos lugares onde menos espera. Mas recebe.

NÃO HÁ DÚVIDAS QUANTO A ISSO.
EU SEI POR EXPERIÊNCIA PRÓPRIA.

POR QUÊ?

ERA MANHÃ DE SEGUNDA-FEIRA. Eu estava na fila do banco, do lado de fora, um pouco antes das 8h. À minha frente, havia uma senhora de idade, bem-vestida, simpática, com uma bengala. Quando as portas se abriram, nós entramos. A senhora era a terceira da fila. Uma outra mulher, lá atrás, teve uma boa ideia: que as pessoas da frente cedessem a vez à senhora de idade. Esta, por sua vez, agradeceu, mas recusou a oferta.

Eu disse à mulher que a ideia dela era boa e me desculpei por não ter pensado naquilo antes.

– Você fez muito bem – falei.

A resposta foi incisiva.

– Eu sei, mas do que adianta? Ela não quis.

Irritada, ela voltou ao seu lugar na fila, balançando a cabeça e resmungando. Se ela fosse uma personagem de animação, haveria uma nuvem carregada sobre sua cabeça. A reação da mulher me pareceu ríspida, mas não me surpreendeu. Não respondi. Afinal, ela não estava brava comigo.

Na saída, dei uma olhada nas pessoas ao meu redor. Todas pareciam desanimadas e rabugentas – como se tivessem sido afetadas pelo que havia acontecido. Era como um desfile de gente triste. Aquilo me pareceu estranho, mas tampouco me surpreendeu.

Caminhei um bom tempo sozinho, e uma pergunta me ocorreu.

– Por quê?
No início, foi um simples "Por quê?" que foi ficando cada vez maior até que, a certa altura, esse "Por quê?" gigantesco começou a me sufocar.

Por que não dizemos "por favor"?
Por que não dizemos "obrigado"? Por que não sorrimos?
Por que temos medo de amar?
Por que temos ainda mais medo de demonstrar amor? Por que não nos cuidamos?
Por que nos alimentamos com menos qualidade que nossos animais de estimação? Por que não cuidamos de nós mesmos tão bem quanto cuidamos de nosso carro? Por que recarregamos menos as nossas baterias do que as de nossos telefones?
Por que nos autodepreciamos?
Por que desperdiçamos nossa vida como se fôssemos viver um milhão de anos? Nós só temos mil meses. Faça as contas.
Por que não falamos de nossos problemas com os responsáveis por eles, em vez de contá-los a todo mundo e divulgá-los no Facebook?
Por que não vibramos com a alegria alheia? Por que tudo é sempre culpa de outra pessoa?
Por que sempre temos alguma história triste para contar?

Um dia desses, peguei um táxi. Perto da minha casa, há um cruzamento com uma placa de PARE. Digo ao motorista:
– Cuidado aí, tem gente que passa direto.
– É *só* o que essa gente sabe fazer – ele resmungou. Eu dei boa-noite.

DÁ UM TEMPO, CARA.

RUA PARAÍSO, 70

Passei a última semana de férias com minhas filhas na ilha grega de Sifnos. Ontem, encerramos nosso dia agitadíssimo numa hora razoável (para variar!). O anoitecer estava glorioso, então decidimos dar uma caminhada na praia.

Havia uma verdadeira magia no ar, do tipo que só parece possível na Grécia: o céu estrelado sobre um mar liso como vidro. As ondas quebravam na areia entoando uma melodia suave. As luzes dos restaurantes cintilando a distância, refletidas na água, pareciam vagalumes dançando sobre as ondas. Minhas filhas e eu caminhamos em fila indiana, como se fôssemos os Reis Magos levando presentes. Seguimos naquela faixa em que a areia é molhada, mas as ondas não alcançam nossos pés. Se uma onda um pouco maior se aproximava, pulávamos de lado, em perfeita sincronia, de modo que não nos molhássemos.

Até que a caçula começou a deixar a água bater nos tornozelos. Foi aí que me curvei à sabedoria da natureza. Como somos diferentes uns dos outros! A mais velha, seguidora de regras, não se molhou nem um pouco. A caçula, que não tem tempo para regras, seguiu se molhando cada vez mais e precisamos trazê-la de volta à faixa de areia em alguns momentos.

Com uma criança na água e outra fora, seguimos nosso caminho pela praia, passando por uma porção de guarda-sóis. Alguns eram chiques e sofisticados, como moradores bem-vestidos da cidade, bebericando coquetéis e mordiscando canapés em um restaurante classudo, com as mãos elegantes enfiadas nos bolsos de linho. Outros guarda-sóis eram mais largados, como boêmios relaxados – os inconformados –, do tipo que não suporta os vizinhos cheios da grana. E, ainda assim, todos eram maravilhosos. Como na vida. Tudo estava em perfeita harmonia, desde que o senso de harmonia viesse de você.

Depois que os guarda-sóis ficaram para trás e as meninas foram cansando, vieram as queixas e os resmungos. No entanto, aquele era o momento da verdadeira magia: menos luzes e mais estrelas. Havia um punhado de cabanas magníficas ao final da faixa de areia. Uma delas, a menor e mais exótica, tinha uma placa iluminada. Nós nos aproximamos. Era um número: 70. A casinha era numerada como se estivesse situada em uma agitada rua urbana. Não conseguíamos explicar o porquê de o número estar ali. Apesar disso, de alguma maneira, ele parecia adequado, como se pertencesse a uma antiga canção romântica ou fizesse parte de um cenário cinematográfico e tivesse sido colocado ali justamente com esse fim. Três mulheres estavam sentadas em silêncio na varanda externa da casa, olhando a praia, curtindo a noite. Hesitei em interromper o momento, até que, por fim, não pude me conter.

– Essa é a casa mais bonita do mundo! – exclamei.

Elas sorriram.

Nós continuamos a caminhar. Um jovem casal estava dando um mergulho noturno. Algumas crianças estavam brincando de pega-pega na areia. Um pouco mais adiante, grupos de turistas apreciavam o jantar nos últimos restaurantes da orla. Todos falavam baixo, mantendo a tranquilidade da noite. Todos estavam em sincronia com aquela paisagem singular.

Seguimos em frente, sob bilhões de estrelas, contando histórias. Eu me lembro dessas histórias da minha infância e elas continuam me transportando a mundos mágicos. Em alguns momentos, as meninas chegavam a prender a respiração para não perder uma palavra sequer. Faziam-nos companhia o aroma inebriante do mar e o som das ondas quebrando devagar.

No caminho de volta, paramos nos guarda-sóis chiques e pedimos os coquetéis sem álcool preferidos das meninas. Pedi uma bebida também, e nós três nos acomodamos em duas cadeiras de praia. As histórias continuaram e, além delas, compartilhamos planos secretos e sonhos. Foi uma daquelas noites que a gente deseja que nunca acabem. Do tipo que a gente jamais esquece. Do tipo que nos leva a pensar que não teria problema se a vida terminasse ali. Sem exageros.

Por fim, retornamos ao quarto do hotel cansados e felizes. Lemos uma história sobre um rei e um mago e adormecemos, quase ao mesmo tempo.

Foi uma noite saída de um sonho, uma noite no paraíso.

Foi como se aquela cabana tivesse lançado seu encanto sobre nós.

A CABANA 70 DA RUA PARAÍSO.

DESLIGUE A TV

Foi em 2001. Eu me mudara para um lindo apartamento em Vouliagmeni, a 20km de Atenas – um lugar tranquilo, com vista para o mar, perfeito para recarregar as baterias e me inspirar.

A assinatura da TV a cabo tinha expirado e estava na hora de renová-la. Alguma coisa dentro de mim disse não. E eu atendi.

Pela primeira vez na vida, fiquei sozinho e sem TV, sem aquele eterno colega intruso que se muda para nossa casa sem pedir licença.

Pela primeira vez na vida, eu me livrei do controle remoto, a primeira coisa que eu pegava de manhã e a última que largava à noite. As coisas se acalmaram na minha cabeça. Encontrei as soluções que estava procurando. Estavam todas dentro de mim. As soluções dos meus problemas estavam batendo à porta o tempo todo – no entanto, como eu poderia ouvi-las, com toda aquela barulheira da TV?

Pela primeira vez desde o ensino fundamental, eu me lembrei como era ter tempo livre. A gente ouve as pessoas reclamando que estão sempre ocupadas. É mentira. Você tem muito tempo livre e acaba jogando fora.

Não havia mais um escape fácil quando eu chegava em casa. Assim, passei a fazer caminhadas. Liguei para velhos amigos. E fiquei com meus pensamentos, escrevendo ou não. Tornei-me, de novo, protagonista da minha vida.

O cidadão médio assiste a quatro horas de TV por dia. O pior, contudo, é que ele acredita que isso é de graça. Ver TV o tempo todo custa milhões. Custa sonhos, planos, inspiração, a própria vida. Um dia a pessoa acorda com 80 anos e se pergunta como eles passaram. Ela os jogou fora e nem se deu conta. E então começa a procurar por eles tarde demais.

Desde que parei de ver TV, ganhei mais de 10 mil horas. Isso equivale a mais de 1.500 dias úteis. São seis anos inteiros – seis anos de ouro puro.

Se minha sugestão lhe parece radical demais, tente ver menos TV. Diminuir apenas uma hora por dia já lhe renderá 365 horas por ano, ou seja, nove semanas de trabalho. Se todo mundo tem 12 meses por ano, você terá 14. Esses dois meses são um presente para você e seus sonhos.

Eu me lembro de quando a TV a cores chegou à Grécia. Naquela época, eu me deparei com um grafite cuja mensagem jamais esquecerei.

TV a cores. Vida em preto e branco.

QUEM QUER QUE TENHA ESCRITO ISSO ESTAVA MUITO À FRENTE DE SEU TEMPO...

QUEM É VOCÊ?

Esta história é tocante e verdadeira. Aconteceu no Tennessee, em 1870. Ben nunca tinha conhecido o pai. Naquela época, nascer fora do casamento era considerado pecado e essas crianças eram tachadas de bastardas. A sociedade era cruel. Desde que Ben tinha 3 anos, as pessoas lhe perguntavam quem era seu pai. Ele se limitava a abaixar a cabeça, envergonhado. As outras crianças se recusavam a brincar com ele. As mães tiravam os filhos de perto dele. À medida que Ben crescia, piores as coisas ficavam. A escola era o inferno na Terra. No recreio, ele brincava completamente sozinho. No almoço, sentava-se sozinho. Os fins de semana eram ainda piores. Se ele fosse com a mãe ao mercado, adultos e crianças lhe faziam a mesma pergunta.

– E aí, quem é seu pai?

E Ben abaixava cada vez mais a cabeça.

Na igreja, ele era o último a chegar e o primeiro a sair, evitando enfrentar perguntas constrangedoras. Ele se achava um nada. Chegava a desejar nunca ter nascido. Quando Ben tinha 8 anos, um pastor novo chegou à igreja. Era um homem amoroso, iluminado e gentil, moderno e de cabeça aberta – um verdadeiro homem de Deus. Num domingo, a missa matinal terminou um pouco antes do usual e, antes que Ben conseguisse escapar sem ser visto, o pastor surgiu diante dele. Com gentileza, ele apoiou a mão no ombro do menino. Para surpresa de Ben e espanto de toda a congregação, ele perguntou em voz alta:

– De uma vez por todas, Ben, quem é seu pai?

O silêncio era tamanho que era possível ouvir um alfinete cair. Ben estava prestes a cair no choro.

– Espere um pouco! – gritou o pastor, agitado. – Eu conheço seu pai! Deus é seu pai! E é por isso que você é tão abençoado. Você tem um grande legado, filho. Siga em frente e conquiste grandes coisas! – disse o pastor.

O menino sorriu. As lágrimas banharam seu rosto, só que, agora, eram de alegria. Pela primeira vez na vida, ele era alguém. Ninguém nunca mais lhe perguntou quem era seu pai. Pela primeira vez, Ben sentiu orgulho de ser quem era – tanto orgulho, na verdade, que acabou tendo mesmo grandes conquistas. Foi duas vezes governador do Tennessee. Entraria para a história como um dos mais bem-sucedidos governadores de todos os Estados Unidos.

Tudo que Ben fez foi trocar de identidade. Não era mais um bastardo. De repente, tornou-se um filho de Deus. Passou a ser a pessoa que sempre sonhara ser. Leva apenas um instante para mudar quem você é, desde que queira isso de todo o coração. Basta um instante para renascer.

Algumas das pessoas mais notáveis da história tiveram infância turbulenta. Foram espancadas ou estupradas, criadas por bêbados. E, mesmo assim, a certa altura, aquele momento magnífico chegou para elas também. O momento *delas*. O momento em que renasceram, o momento em que se cansaram do velho e abraçaram o novo. Então alimentaram essa novidade com cuidado e diligência. E se tornaram as pessoas que todos nós conhecemos.

E você? Quem é você? Seria a história comovente que conta a todo mundo? Aquele que não conseguiu estudar o que queria? Que teve péssimos pais? Que foi atingido pela recessão? Que não gosta do emprego? Seria aquele que mata os sonhos? Será que não chegou o momento de se tornar a pessoa que sonhou ser? Será que o momento de renascer não está bem aqui?

❈

Conto meu sonho a um amigo – o de criar um curso de autoconhecimento e apresentá-lo a todas as escolas de meu país. Com um olhar desconfiado, ele me diz:
 – Cara, você acha que *nós* vamos mudar o mundo?
 – Sim, seu tonto! *Nós* vamos mudar o mundo!

SE NÓS NÃO MUDARMOS O MUNDO, QUEM MUDARÁ?

CADERNO DE MILAGRES

Não consigo ser objetivo em relação a isso. Como poderia, quando se trata de algo que me salvou? Fazer um diário me ajudou a mudar de vida. Tenho escrito nele religiosamente nos últimos dez anos. Pode ser um diário de alegrias ou uma lista de gratidão. Eu comprei um caderno bacana e comecei a registrar as coisas bonitas que aconteciam comigo todos os dias. No início, foi difícil pensar em alguma coisa para escrever. Eu abria o caderno, nós dois ficávamos cara a cara e eu me sentia estranho. Como se estivesse num encontro às cegas e não soubesse o que dizer.

Mas, aos poucos, comecei a me abrir. Escrevi sobre uma linda alvorada. Sobre uma boa conversa. Rabisca daqui, rabisca dali, consegui colocar alguma coisa no papel.

Você já jogou tênis? É a mesma coisa: se insistir, melhora a cada dia. Todo dia eu escrevia um pouco mais, pegando o jeito devagar. Comecei a perceber as inúmeras coisas bonitas que a vida tinha a oferecer e que antes eu não percebia. Elas sempre estiveram ali! Era *eu* quem estava ausente. Meu caderno de milagres logo se tornaria minha câmera. Eu sempre o trazia comigo, fotografando e revelando momentos. E a maior alegria era a hora de colocá-los no "álbum". Um a um, no fim do dia. Pura magia.

Comecei a me propor tarefas. Eu decidia que escreveria vinte coisas pelas quais me sentia grato e escrevia mesmo: por me levantar da cama e minhas pernas me sustentarem, por haver água quente para tomar banho, por ter uma cama quentinha esperando por mim no fim de um dia difícil, etc. E então minha vida mudou. Ou melhor, eu mudei.

Eu vi a beleza.
Na verdade, fiquei embasbacado pela beleza.

Minha vida continuou a ser o que era antes, porém eu passei a ver como ela podia ser magnífica. E assim, de fato, minha vida se tornou magnífica.

Já completei inúmeros cadernos depois do primeiro. Eu os mantenho numa estante e os releio de vez em quando. E gosto deles da mesma maneira, na segunda leitura.

Alguns chamam essa prática de alegria consciente. E eles têm razão. Em vez de esperar que um entregador toque a campainha e me traga comida, eu mesmo pego a panela e cozinho. Quando *eu* quero. Com minhas próprias mãos. Dá para chamar isso de alegria feita em casa. É a mais gostosa de todas.

※

Hoje cedo parei na loja da esquina para comprar uma garrafa de água e vi que estava geladíssima – do jeito que a gente gosta em um dia de muito calor. Paguei ao caixa e disse:

– Que água maravilhosa você vende, meu amigo!
– Você me fez ganhar o dia – respondeu ele, com um sorriso.
– Digo o mesmo.

OPA! PRECISO ANOTAR ISSO AQUI...

UM FIM DE SEMANA
NA MONTANHA SAGRADA

NÃO SOU O QUE CHAMAM de uma pessoa muito religiosa, mas acredito em Deus. À minha maneira.

Nos últimos quinze anos, quando chega a primavera, eu e um grupo de amigos passamos o Domingo de Ramos em um retiro no monte Athos (também conhecido como a Montanha Sagrada), no norte da Grécia, uma região que abriga vinte mosteiros. É uma espécie de tradição nossa e uma oportunidade de nos encontrarmos. É também uma forma de fugir da correria por alguns dias, prestar nossas homenagens e nos divertir.

Poucos dias antes de visitar o mosteiro, é preciso entrar em contato com a Agência dos Peregrinos e fazer uma reserva. Na chegada à cidade de Ouranoupoli, o "portal" para a península do monte Athos, é concedida uma autorização de visita mediante o pagamento de uma pequena taxa. Uma lancha muito pontual leva os visitantes até a comunidade monástica. Chegando lá, na área de recepção *Archondariki*, assina-se o registro de visitas. No mesmo lugar, os visitantes são recebidos pelo *Archondaris* (o monge recepcionista) e por outros monges com sorrisos calorosos, além de um café quentinho e uma guloseima turca, ainda mais deliciosa após uma longa viagem.

O monte Athos é agitado como uma colmeia. Os monges circulam como abelhas, trabalhando o tempo todo. Não conversam muito e nunca reclamam. Embora as construções sejam feitas quase exclusivamente de matéria-prima natural, os mosteiros e seus arredores se desenvolvem num ritmo alucinante de um ano para o outro. Por todo lado, há trabalhadores e monges dando duro, cozinhando, limpando, cultivando a terra e construindo. Dá gosto de ver.

Os monges respeitam e honram a natureza. Nada é desperdiçado. O que sobra da comida dos peregrinos, os monges comem. E o que os monges não comem é dado aos animais. Em cada um dos mosteiros, há cães e gatos que também vivem em paz e harmonia. Os restos finais de comida viram adubo. Tudo o que for reciclável será reciclado. Parte do lixo é queimada em uma fornalha especial, de modo que o volume final de lixo é mínimo. Não se vê nenhuma sujeira no chão, é claro.

Quase tudo o que monges e peregrinos comem é plantado nas redondezas. Eles compram apenas o estritamente necessário. Os monges tratam a terra com respeito e amor. A comida e o vinho são excelentes.

O jantar é um evento sagrado. Ninguém começa a comer até que o último monge ou peregrino esteja sentado na sala de jantar. Nessa hora, ouve-se o pequeno gongo que anuncia o início da refeição. Nós nos concentramos no alimento à nossa frente. Ninguém vê TV, mexe nos tablets ou verifica mensagens no telefone. Comemos com reverência. Honramos o Criador. O gongo soa outra vez, anunciando o fim da refeição. Nós nos levantamos de forma ordenada e deixamos a sala. Na saída quem nos espera é o abade, o *primus inter pares*, e nos abençoa. O abade sempre sai por último.

O jejum é um modo de vida aqui, não restrito aos 40 dias da Quaresma. Significa viver e consumir com moderação e com respeito pela natureza, pelos outros seres humanos e, acima de tudo, por si próprio.

Aqui, não apenas a Paixão de Cristo é levada em conta, mas as paixões de todos nós. Elas simbolizam nossos pecados e também os golpes do destino, nossas falhas e passos em falso. Todos cometemos erros e temos esse direito. Nossos erros são nossa experiência. No monte Athos, não nos envergonhamos deles. Não os varremos para debaixo do tapete. Pelo contrário, nós os colocamos em evidência. Por isso, existe uma segunda chance. Chama-se confissão. Ela ajuda você a admitir os erros. Você se livra daquilo; torna-se honesto, em primeiro lugar, com você mesmo. E compartilha seus segredos mais profundos com o sábio. No monte Athos, ele é considerado um líder espiritual e dá conselhos preciosos e sinceros. E, então, você se levanta e volta a caminhar com os próprios pés. Sente-se mais forte, como se tivesse renascido. Enxerga as coisas de uma perspectiva diferente – mais otimista. Há um ditado japonês que diz:

Se cair sete vezes, levante-se oito.
No monte Athos, isso se
chama ressurreição.

Certo dia visitei a lojinha do monte Athos a fim de comprar umas lembrancinhas para uns amigos. Em vez de um monge, o abade estava no caixa. Esse é o homem que líderes políticos da Grécia e do mundo todo vêm visitar. De modo educado, eu lhe perguntei por que ele trabalhava naquele posto. Ele abaixou o olhar e, com a maior humildade possível, como se fosse o próprio Cristo, disse:
– Para ajudar os monges, meu filho, que estão ocupados nos mosteiros.
No meu ponto de vista, esse homem é um verdadeiro líder.

O *PRIMUS INTER PARES* ENTRE SEUS IGUAIS.

ESPIGAS DE MILHO

Ela se chama Sophia e é professora do jardim de infância. Sophia me localizou no Facebook e nos encontramos para conversar sobre o curso de autoconhecimento destinado a crianças em idade escolar que estou preparando. Ela é uma jovem autêntica, entusiasmada e dedicada aos alunos. Concordamos em quase tudo, até chegar a um tema controverso. Quem define nossa vida: nós ou o destino?

– Eu dei o melhor de mim na entrevista, Stefanos. Mesmo assim, a escola não me contratou – disse ela. – Foi muita falta de sorte.

– Você fez o melhor que podia, Sophia?

– Sim.

– E, se tivesse a chance de ser entrevistada outra vez, faria tudo igual?

– Bom, talvez eu mudasse X.

– Certo.

– E, talvez, Y.

– Ok. Então, se pudesse ser entrevistada outra vez, faria diferente?

– Acho que sim...

Faça tudo que puder no presente. Algumas coisas talvez não deem certo, pelo menos não de imediato, mas, se você aprender a fazer o melhor possível agora, talvez aquelas coisas *deem* resultado no futuro. Faça o melhor que puder a cada momento. Por isso é preciso saber mais amanhã do que hoje. Nunca pare de aprender. E corra riscos. Armado de conhecimento e atitude, é você quem determina o destino.

※

Havia três homens: cada um deles recebeu uma espiga de milho. O primeiro comeu e encheu a barriga. O segundo plantou os grãos e nasceram dez pés de milho. Ele teve o suficiente para comer por dez dias. O terceiro homem também plantou os grãos e os dez pés de milho cresceram. No entanto, ele comeu apenas o milho de um dos pés. Plantou os grãos dos outros nove e nasceram 90 pés de milho. Mais uma vez, o homem comeu os grãos de apenas um deles e deu os de outro pé a um amigo, porque ele conhecia a beleza de compartilhar. Em seguida, plantou os grãos dos outros 88 pés. Nasceram 880 pés, e assim por diante. Hoje em dia, o homem é dono de metade da vila. Metade dos moradores trabalham para ele.

No fim das contas, a vida não é o que acontece com você, é o que você faz com o que a vida lhe dá.

Mais conhecimento cria opções melhores. E opções melhores produzem resultados melhores. Resultados melhores equivalem a uma vida melhor. E é isso que você quer.
Mas, para ter opções melhores, é preciso aprender. Em resumo: nunca pare de aprender.

MANTENHA-SE APRENDENDO ATÉ BATER AS BOTAS.

A INSTRUTORA DE IOGA

TODA MANHÃ DE QUARTA-FEIRA é hora de ioga. Se eu quiser fazer algo, preciso agendar. Caso contrário, sei que não vou conseguir. Um problema de saúde me levou à ioga e sigo praticando há 20 anos. É assim que acontece: os presentes mais preciosos não costumam vir em embalagens bonitas, enfeitadas com fitas. É por isso que presentes preciosos correm o risco de ser descartados.

A prática de ioga surgiu há milhares de anos. Ela acalma, situa, eleva e relaxa. Nada é deixado ao acaso nessa filosofia de vida singular.

Aprende-se algo novo a cada sessão. Na aula de hoje, a mulher ao meu lado não fez uma determinada postura da forma correta, como poderíamos dizer. Esperei pela reação da instrutora – ou melhor, pela falta de reação. Acertei. Ela optou por não interferir para que minha colega pudesse se corrigir sozinha. Ela o fez. Ao final da aula, nós conversamos sobre isso. Sempre falamos de coisas assim e é aí que a verdadeira lição começa. Nossa instrutora nos disse que não é aconselhável corrigir. Com sabedoria, ela evitou usar a palavra "erro". (Ouvi em algum lugar que a palavra "erro" já é um erro por si só.) Qualquer tipo de correção ou interferência na vida de alguém, concluiu ela, é uma forma de agressão – em especial se não for solicitada.

Temos o hábito de interferir na vida dos outros: de nossos filhos, parceiros e colegas. Temos opinião sobre tudo, em geral, sem estarmos bem informados. Criticamos e oferecemos soluções que não nos pediram. É como se você estivesse passando pelo mercadinho e o dono colocasse uma penca de bananas em seus braços e, em seguida, cobrasse por elas.

No fim das contas, todo mundo tem seus próprios objetivos, valores e prioridades. Todo mundo tem sua própria vida.

※

Eu tive uma experiência maravilhosa há alguns anos. Era noite e eu estava no táxi a caminho do aeroporto. Estava satisfeito – foi um dos períodos tranquilos da minha vida. No banco de trás, fazia meus exercícios respiratórios. O motorista, discreto, não me interrompeu. Depois de algum tempo, contudo, não conseguiu se segurar e comentou:
– Cara, eu estava olhando pelo retrovisor sua respiração esquisita. Quem sabe o que o senhor está enfrentando, coitado...
Eu caí na gargalhada e, em seguida, expliquei o que estava fazendo. No fim, morremos de rir juntos. Ainda hoje, toda vez que penso nisso, dou uma boa gargalhada.

ESPERO QUE ESTEJA BEM, CARA, ONDE QUER QUE VOCÊ ESTEJA.

QUANTO VALEM 50 EUROS?

Eu tinha prometido providenciar cartões de visita para minhas filhas. Elas tinham 9 e 6 anos na época. Achei que seria uma boa ideia. Assim, elas poderiam distribuí-los entre os amigos, além de aprender o significado de se construir a própria identidade e de traçar objetivos. Minhas filhas e eu fazemos coisas assim. Uma delas queria imprimir "Professora de Ginástica – Atleta" no cartão; a outra queria "Professora de Ginástica – Exploradora". Uma queria o cartão preto; a outra, verde-pistache – suas cores favoritas.

A gráfica me ligou, informando que os cartões haviam ficado prontos. Fui buscá-los. Ficaram perfeitos – bem do jeitinho que as meninas tinham imaginado.

Em seguida, peguei minha carteira. A moça da gráfica me disse que eu tinha dado uma entrada de 100 euros. Eu me lembrava com clareza que adiantara apenas 50. Num primeiro momento, pensei: vou ficar na minha. Cinquenta euros é um bom dinheiro. Mas aí pensei melhor. Não estava disposto a renunciar a minha honestidade por 50 euros.

– Eu lhe adiantei 50, não 100 – insisti.

Ela verificou os registros e confirmou que eu estava certo. Não escondeu a surpresa diante de minha honestidade e me agradeceu.

Eu podia esbanjar 50 euros? Não. Acontece que não esbanjei nem desperdicei. Eu investi aquele dinheiro em mim mesmo, em meu cofrinho pessoal, aquele que não se vê. Esse cofrinho é o mais importante de todos, porque é sua identidade, seu bem mais importante.

Sua identidade é quem você pensa que é. E a pessoa que você se torna sempre seguirá os passos de quem você pensa que é.

É como sua sombra; não é possível ir a lugar nenhum sem sua identidade. E ser fiel a ela é a melhor sensação do mundo. Dinheiro nenhum pode comprá-la. É a sensação que o tornará capaz de realizar os sonhos mais improváveis. É um trem expresso, sem paradas no caminho.

Saí flutuando da gráfica. Eu era dono de mim – aquele que ninguém podia comprar.

Quanto valem 50 euros em termos de autoestima?

TODO O DINHEIRO DO MUNDO.

UMA PALAVRA GENTIL

Eu tinha acabado de me mudar. A faxineira que limpava minha casa não poderia continuar trabalhando na nova, então pedi a um amigo que me indicasse outra.

– Vou lhe mandar a que trabalha aqui – disse ele. – Ela é ótima.

Entrei em contato com ela, que estava disponível. Combinamos uma data e ela começou a trabalhar. Desde o início, vi que se tratava de alguém responsável e eficiente.

Certo dia, precisei sair e a deixei sozinha cuidando da casa. Quando voltei, ela já havia ido embora. Eu quase não tinha mostrado onde as coisas ficavam guardadas; ela se virou sozinha: encontrou o material de limpeza, os lençóis e assim por diante.

A casa estava impecável. Era como se uma fada madrinha tivesse varrido e organizado tudo com um toque da varinha mágica. Fiquei encantado. Tempos atrás, eu não teria feito nada. Agora era diferente. Eu tinha aprendido a compartilhar.

Liguei para ela.

– Olá, Valentina!

No início, ela não reconheceu minha voz.

– É Stefanos.

– Algum problema? – perguntou ela, ansiosa.

– Não, não. Está tudo ótimo.

– O que aconteceu?

– Estou ligando só para dizer que seu trabalho é excelente.

A casa está perfeita – e acrescentei o comentário sobre a fada madrinha.
Durante alguns segundos, ela não respondeu.
– O senhor quer dizer... que gostou?
– Não apenas gostei. Eu adorei!
Ela ficou impressionada. Talvez nunca tivesse recebido um comentário desse tipo. Talvez tenha até se emocionado.
– Obrigada – disse. – Muito obrigada.
Eu percebi o sorriso dela do outro lado da linha. Estava maravilhada. Combinamos o dia em que ela viria na semana seguinte.

Diga uma palavra gentil.
Primeiro, a si mesmo.
Depois, a outra pessoa.
Todo mundo precisa ouvir, de verdade.

Mais do que você pensa. Você vai melhorar a vida do outro e, por sua vez, isso vai fazer do mundo um lugar melhor. Seja generoso nos elogios. Isso gera mais elogios. A alegria deve ser compartilhada.
É um desperdício guardá-la só para si.

❈

Eu tenho um amigo com quem trabalhei por um tempo que sabe tudo de fotografia. Mostrei a ele uma foto que tirei.
– Nossa, Stefanos! – exclamou. – Que ótima foto!
Fiquei tão orgulhoso ao ouvir isso que devo ter crescido uns dois centímetros.
– O enquadramento está muito bom. Mesmo assim, poderia ser ajustado aqui.

– Obrigado, Nick.
– Melhor ainda, você poderia ter fotografado desse outro ângulo.
– Obrigado, Nick.
Ele fez mais algumas observações.
– Obrigado, Nick.
Ele fez um último comentário.
– Cara, você está de brincadeira? – soltei por fim. – Você acabou com a minha foto!
Comecei a rir. Ele também. Apesar das risadas, eu ouvi o que Nick tinha a dizer. Porque ele falou com gentileza.

PORQUE ME SENTI VALORIZADO.

APRECIE O DINHEIRO

SEMPRE FUI BOM COM DINHEIRO. Ganhei minha primeira grana aos 5 anos, depois que meu pai me deixou pintar coisas no barco em que ele era capitão. Pus meus primeiros 40 euros no cofrinho. Nunca me esquecerei da sensação de ter um dinheiro pelo qual trabalhei. Ao longo dos anos, sempre respeitei e apreciei o dinheiro. E ensinei isso a minhas filhas. Elas também ganharam o primeiro dinheiro aos 5 anos. De vez em quando, depois da escola, eu as levava ao meu escritório. Elas desenhavam, digitavam, imprimiam, distribuíam papéis e faziam pequenas tarefas. Foi assim que ganharam mesada. Elas ainda têm o primeiro recibo que pegaram no departamento de contabilidade, junto com os cinco euros. Explodiram de orgulho.

Na Grécia, há muitas ideias equivocadas em relação ao dinheiro: é algo sujo, pessoas ricas são más e coisas assim. Quem tem preconceitos desse tipo nunca vai enriquecer. Em vez disso, deveríamos tratar o dinheiro como um amigo. Ele não vai se aproximar de quem fala mal dele.

Dinheiro é energia. Não é bom nem ruim. Ele é o que você é.

Ouvi falar da regra de ouro dos 10%: invista 10% do que ganha. Esse dinheiro nunca deve ir para o bolso, é preciso guardá-lo no banco ou fazer um investimento. Viva com 90%, não com 100%. Há quem diga: eu não consigo nem me virar com os 100%, como vou viver com 90%? Mesmo que essa pessoa ganhe o dobro, ainda não terá o suficiente. Se não investir, vai gastar tudo. Pessoas inteligentes investem primeiro e gastam depois.

Não reclame por causa de dinheiro; aprenda as regras. Entre no jogo. Jogue Banco Imobiliário com sua família. Envolva seus filhos no jogo. Ter dinheiro significa fazer escolhas.

Todos os anos, antes das férias de fim de ano, minhas filhas vendem cartões de Natal artesanais e doam parte do dinheiro à caridade. Meus amigos costumam fazer críticas, dizendo que não é correto que crianças trabalhem ou que os cartões são muito caros, coisas assim. Eu sorrio. E olho para trás. Se não fosse pelo dinheiro que eu ganhei aos 5 anos, todo o troco que recebi ao fazer pequenas tarefas na infância e pelo aprendizado que isso me trouxe sobre o uso do dinheiro, não teria conseguido escrever o livro que você está lendo agora.

SE VOCÊ TEM IDEIAS TOLAS ACERCA DE DINHEIRO, LIVRE-SE DELAS ONTEM. NÃO HOJE.

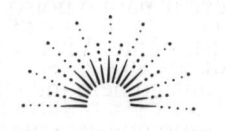

O PRESENTE

Tenho alguns amigos desses que você faz por meio dos seus filhos. O relacionamento começa como um raminho de árvore, depois cresce, é transplantado e cria raízes. Às vezes, fica ainda maior do que a árvore original. E, de repente, os pais são mais amigos do que os filhos.

Fazia tempo que não nos víamos, então combinamos um encontro para as crianças brincarem, o que, na verdade, não passava de uma desculpa para uma reunião dos adultos. A mãe parecia ansiosa ao telefone e começou a me contar alguma coisa do trabalho. Eu a interrompi. Não é possível fazer uma boa refeição em movimento. A gente põe a mesa, usa porcelana bonita e a aprecia. A mesma coisa serve para as conversas – é melhor esperar a hora e o lugar apropriados.

– Conversamos quando vocês chegarem aqui – sugeri.

Eles vieram no domingo. As meninas foram brincar lá dentro e nós fomos direto ao ponto. Minha amiga é muito boa no que faz. Nunca a vi com a mão na massa e nem preciso. Dá para saber se as pessoas são boas com base em pequenas coisas – até mesmo pela forma como olham para você.

É uma longa história. Resumindo, minha amiga trabalha em uma grande empresa que valoriza sua contribuição. O chefe dela a valoriza também. No entanto, por alguma razão, um gerente intermediário se interpôs entre os dois. Esse cara, de acordo com minha amiga, tem uma maneira própria de atuar e não é uma pessoa muito flexível. Não demorou para entrarem em conflito e ele lhe rebaixar ao papel de assistente. Minha amiga reclamou para o chefe, que a apoiou. Os três se reuniram, o chefe mais uma vez ficou do lado dela e o gerente intermediário perdeu espaço. Uma apresentação importante para um cliente de peso se aproximava. O gerente intermediário furou e deixou minha amiga na berlinda, se virando sozinha. Felizmente, correu tudo bem na apresentação.

Minha amiga e o marido estão muito agitados durante a conversa. O trabalho e a rotina dela têm se tornado cada vez mais difíceis, eles dizem.

Acontece que eu ouvi uma história bem diferente. E começo a rir.

– Vocês não percebem? – pergunto.

– Perceber o quê? – pergunta ela, toda nervosa.

– Qual é?! O cara esquentou a cadeira para você. Pelo que percebi, não demora muito até ele cair fora e você assumir o cargo. Uma promoção. O cliente novo vai lhe pedir que lidere o projeto. Você teria conduzido a apresentação se o outro não tivesse desistido?

– Não – minha amiga responde, um pouco confusa.

– Você deveria enviar flores a ele.

Ela pensou um pouco. E então me olhou, abrindo um sorriso.

– Eu não tinha visto a coisa por esse lado.

– E se *esse* for o lado certo?

E se a vida não for do jeito que a gente pensa que é? E se os presentes não vierem numa caixa bonita envolta numa fita? E se alguns presentes vierem com espinhos? É possível se espetar nos espinhos ao colher uma rosa, mas o perfume é a recompensa.

A gente costuma nadar contra as correntezas da vida. Elas nos puxam para baixo e a gente nada para cima. Ficamos exaustos, indignados e, por fim, doentes. A ironia é que nada do que você quer está lá em cima. Está tudo aqui embaixo. Às vezes, basta seguir o fluxo.

A vida não é fácil.
Mas é simples.
Se você entender as regras,
ela fica mais fácil.

SIMPLES ASSIM.

PASSEIO DA VIDA

As meninas e eu mantemos alguns rituais desde que elas eram muito pequenas. É mais fácil mover um rochedo de 10 toneladas do que mudar esses rituais. Toda manhã de sexta-feira, eu as levo à escola. Elas chamam esse momento de passeio. E esse passeio tem um pouco de tudo: risadas, provocações, música. Acima de tudo, tem a empolgação diante de um passeio. Uma ida típica à escola funciona assim: fazemos uma parada na lanchonete favorita delas para comprar doces. Elas correm para ver quem chega primeiro. Cada vez experimentam uma coisa diferente.

Em seguida, vamos à igreja. No pátio, há gatos de rua e pombos. Elas tomam o cuidado de distribuir as migalhas de pão, de modo que todos fiquem felizes. Elas fazem carinho nos gatos e sempre se viram na minha direção com uma expressão de admiração e deleite, como se nunca tivessem feito aquilo antes. Depois, brincam com os pombos, que voam em torno delas à medida que elas espalham as migalhas.

Logo depois, elas entram na igreja para acender uma vela. Arrumam as velas como se fossem peças de Lego. Às vezes, juntam pedaços até fazer uma vela bem grande. Estão sempre sorrindo, mesmo ao beijar as imagens e fechar os olhos na hora de fazer as orações. É como se o sorriso estivesse pintado no rosto com um tipo de tinta que não sai.

Então elas correm de volta para o carro. Mais risadinhas, mais provocações, de volta ao modo passeio. Assim que a gente chega ao estacionamento da escola, elas pedem que eu saia do carro primeiro para que possam jogar as mochilas nos meus braços, como se estivéssemos jogando bola. Não preciso nem dizer que apostam corrida a caminho da sala de aula.

No último verão, passamos as férias em um hotel com uma piscina imensa. O fundo da piscina era bem íngreme e elas inventaram a seguinte brincadeira: ficavam conversando animadas na parte rasa, quando, de repente, escorregavam e afundavam na água. Devem ter feito isso mais de 100 vezes. Nunca se cansavam. Sempre felizes.

As crianças brincam em qualquer situação. Elas sorriem e tudo lhes parece engraçado. Elas sorriem para que as coisas sejam engraçadas. Dizem que as crianças riem 300 vezes por dia, em média. Entre nós, adultos, a média é 15.

Nós não envelhecemos porque crescemos.
Envelhecemos porque paramos de sorrir.

As crianças curtem a vida.
Descobriram seu sentido. Não se limitam a existir.
Elas fazem da vida um passeio.

TODO DIA.

A GARRAFA DE PLÁSTICO

Em algum momento, eu devo tê-la deixado na mesa de cabeceira. Era uma garrafa de plástico com um restinho de água. Por alguma razão, não a joguei fora – talvez por preguiça, mas é provável que não tenha sido por nenhuma razão especial.

Certa manhã, decidi tirá-la dali. Mais uma vez, sem qualquer motivo especial. Despejei a água num vaso de planta e joguei a garrafa no lixo reciclável. Nunca vou me esquecer desse dia. Sem exagero, foi um dos dias mais bem-sucedidos da minha vida. Tudo que imaginei aconteceu; tudo que tentei fazer, consegui. Eu tinha enviado a mim uma mensagem muito forte – talvez a mais forte possível: quem determina minha vida sou eu, não a sorte. Eu manipulo as cordinhas. Minha vida me pertence. Eu a conduzo; não o contrário.

O que vou contar agora é uma história real. Um palestrante famoso estava fazendo uma apresentação diante de mais de mil pessoas. A certa altura, ele exibe uma cédula de 100 dólares e pergunta:

– Quem quer?

Muitos levantam a mão. Ele pergunta outra vez:

– Quem quer?

O restante da plateia também levanta a mão. Na terceira vez que ele pergunta, um cara se levanta, sobe no palco e pega a cédula da mão do palestrante. Isso é atitude. O palestrante pergunta ao restante da plateia por que eles não fizeram o mesmo, e todos têm alguma desculpa. Um diz que estava sentado muito longe. Outro, que seria preciso pedir às pessoas ao lado que se levantassem para ele passar. Outro, ainda, que era muito tímido. Todos temos as desculpas perfeitas para não agir. E quanto mais inteligente se é, mais inteligentes serão as desculpas.

Ter atitude significa fazer alguma coisa, mesmo com medo ou entediado. Ter atitude é ir contra você mesmo, se necessário. Ter atitude é fazer o óbvio. Não com palavras, mas com ações. Ter atitude é ficar de boca fechada quando seria mais fácil falar. Ter atitude é se levantar cedo e organizar o dia. Ter atitude é fazer o melhor possível no trabalho, mesmo que o salário não seja tão bom quanto se acha que deveria ser. Ter atitude é se cuidar.

Ter atitude é viver a vida.
Não ficar sentado, vendo-a passar.

No seu caso, ter atitude pode significar usar aquela esteira que virou cabide de roupas, fazer uma ligação para um amigo de longa data ou retomar aquele projeto de tricô que está mofando no armário.

O que quer que seja, comece com algo pequeno. Comece com coisas que outras pessoas podem achar insignificantes.

Se quiser mudar o mundo, comece com a garrafa de plástico. A primeira batalha do dia estará vencida. Isso o deixará orgulhoso e o levará à segunda e à terceira vitória. Vai ajudá-lo a perceber que as coisas pequenas têm valor. E quem não é capaz de lidar com as pequenas coisas, nunca será capaz de lidar com as grandes.

A garrafa de plástico é seu incentivo rumo a um dia melhor.

AQUELA GARRAFA DE PLÁSTICO É A SUA VIDA.

TENHA UMA BOA SEMANA!

Manhã de segunda-feira. Estou preso no trânsito. O GPS diz que vou me atrasar um ou dois minutos. Se não chego pelo menos dez minutos antes de qualquer compromisso, fico ansioso. Portanto, nesse momento, estou quase surtando. E ainda há um monte de ambulantes tentando me vender bugigangas ou enfiar panfletos pela janela do carro. Decido fechar a janela, em busca de um pouco de paz.

É nesse momento que a vejo, caminhando na minha direção, como uma brisa fresca num dia quente. Não sei dizer ao certo o que ela tem de especial. Nem sequer consigo ver seu rosto. Quando ela se aproxima, consigo ver melhor. Está usando jeans e uma blusa muito bem passada, com o cabelo amarrado num rabo de cavalo. É alta, forte e robusta – não de uma beleza inquestionável, pelo menos não na aparência. Contudo, tem um sorriso maravilhoso enquanto caminha entre os carros, distribuindo folhetos.

Chega minha vez. Ela se debruça e, com gentileza, passa um pedaço de papel pela minha janela. O sorriso é ainda mais bonito do que eu esperava – caloroso e sincero. Isso também invade o carro junto com o folheto. E ela deixa a melhor parte para o final.

– Tenha uma boa semana! – exclama.

Eu fico ali, olhando para ela, boquiaberto. Não é *o que* ela diz, mas *como* ela diz. *Ganhei a semana por sua causa*, eu penso, apesar de não dizer nada.

Não se nasce um vencedor.
Torna-se um.

Não é o que se faz, é como se faz. Seu destino não é o sucesso. Sucesso é o que se faz no caminho. Numa estrada, o sucesso é o túnel que se atravessa; é o despertador bem cedo, o café, o sorriso. Não "o que", mas "como".

Dirija como um vencedor. Mantenha as mãos no volante. Permaneça em sua faixa. Use a seta, se for mudar de faixa. É você quem determina o destino e isso não está aberto a negociações. Seja você um médico, um professor ou um gari, conduza a vida como um vencedor. Cada minuto de sua vida. Como aquela jovem. Eu aposto qualquer coisa que ela não ficou muito tempo distribuindo folhetos. Ela está destinada a coisas melhores.

NA VERDADE, ELA JÁ ESTÁ FAZENDO AS COISAS DE UM JEITO MELHOR.

A VIDA TEM REGRAS?

SIM. A VIDA TEM REGRAS.
*Caso queira se enganar e achar que
não tem, isso é por sua conta.
Mas não é possível cozinhar macarrão
sem água, por mais que se tente.*

❋

**O OBJETIVO DA HUMANIDADE
É A FELICIDADE.**
*A felicidade vem de dentro.
Uma vez compartilhada, ela se multiplica.
É uma bênção ser capaz de se alegrar
com a felicidade alheia.*

❋

CUIDE-SE.
*Qualquer que seja a coisa que você
quer cultivar, zele por ela.
O que quer que lhe desagrade, corte fora.
Você é o jardineiro da sua vida. Não permita
que as pessoas lhe digam o contrário.*

PESSOAS QUE SEMPRE QUEREM SER MELHORES QUE OS OUTROS VÃO SOFRER.
Sucesso é uma coisa, felicidade é outra. Compartilhe.
Mesmo com todos os palácios do mundo, quem estiver falido por dentro estará acabado.

✵

NÃO É POSSÍVEL ENGANAR A SI MESMO.
Aos outros, talvez.
Mas você não pode se esconder de si mesmo.
Vocês acordam juntos e vão para a cama juntos.

✵

O PARAÍSO E O INFERNO FICAM NA TERRA.
A vida tem um pouco de tudo.
Um amigo me disse uma vez:
"No Inferno, eles têm uma panela cheia de comida.
Mas as colheres são longas demais,
então você não consegue comer.
No Paraíso, as colheres são longas também.
Mas, lá, eles as usam para alimentar uns aos outros."

✵

SE VOCÊ FOGE DO FRACASSO, DEIXA A VIDA ESCAPAR.
Não se aprende a andar de bicicleta sem cair.
Seus erros são sua experiência.

O TRABALHO DURO COMPENSA.
Uma pessoa só se torna especialista após
milhares de horas de prática.
A maioria desiste depois de dez horas.
As pessoas que têm o que querem não têm apenas conexões;
elas arregaçam as mangas e vão trabalhar.
Mãos à obra!

※

A SORTE NÃO EXISTE.
Sorte é o que você não fez para conseguir o que queria.
É o que se deixa por conta do acaso.
Sorte é só uma desculpa. Esqueça essa ideia.

※

MANTENHA-SE EM MOVIMENTO.
É assim que o Universo funciona, goste você ou não.
Uma bicicleta que não se move cai.
A única forma de mantê-la de pé, imóvel, é com um suporte.
E, se ficar parada por muito tempo, ela enferruja.

※

SUA FÉ SÃO SUAS RAÍZES.
Escolha no que acreditar.
Seja em Deus, seja em Maomé, seja em Buda
ou em você mesmo.
Acredite em alguma coisa.
Caso contrário, na primeira ventania,
você será carregado.

SUA OPINIÃO NÃO É A REGRA.
Se não for direcionada a você.
Esse é o problema.
Aprenda a mudar de ideia.

❋

**SUA VIDA É SEU RELACIONAMENTO
CONSIGO MESMO.**
Você sempre estará na sua própria companhia.
Se estiver infeliz consigo mesmo, se
sentirá infeliz em qualquer lugar.
Mesmo no Paraíso.

❋

DINHEIRO EQUIVALE A OPÇÕES.
Uma pessoa má usará o dinheiro para causar danos.
Uma pessoa boa usará o dinheiro para criar coisas belas.
Dinheiro não é problema.
Falta de dinheiro não é problema.
O problema é a falta de ideias.

❋

A VIDA NÃO LHE DEVE NADA.
A vida não é justa. Ou melhor, é.
Ela não vai lhe dar o que você precisa ou deseja.
Vai lhe dar o que você reivindicar,
o fruto do trabalho, o que você conquistar.

O MAIOR RISCO É NÃO ARRISCAR NADA.
*Quem não se arrisca está acabado.
Morre e não percebe.
Benjamin Franklin disse uma vez:
"Alguns morrem aos 25 anos
e são enterrados aos 75."*

✺

SÓ VOCÊ PODE DETERMINAR QUEM VOCÊ É.
*Não saia por aí tentando mudar os outros.
Nem mesmo seus filhos. Isso é manipulação.
Só há uma maneira de mudá-los.
Mude você, primeiro.*

✺

A GENTE COLHE O QUE PLANTA.
*Se não gosta do que está colhendo,
mude o que está semeando.
Não é possível plantar sementes
de tomate e colher pepinos.*

✺

PESSOAS NÃO SÃO ÁRVORES.
*As pessoas se movem.
A gente mostra nas redes sociais que está se movendo,
mas não é verdade.
Um momento é suficiente para mudar tudo.
Desde que você queira. E faça acontecer.*

A VIDA NÃO DURA PARA SEMPRE.
Dura mil meses. Não os desperdice.

✺

TEMOS DUAS ORELHAS E UMA BOCA.
Não é por acaso.

✺

SEUS FILHOS NÃO LHE PERTENCEM.
Eles pertencem a si mesmos.
Aprenda isso desde cedo e poupe sua vida inteira.
E a deles.

✺

MANTENHA SUA RAIVA SOB CONTROLE.
A raiva vai matar você, não o outro.
Confúcio disse:
"Antes de partir em uma jornada de vingança, cave duas covas."

✺

É IMPOSSÍVEL ESTOCAR ALEGRIA.
Ela se estraga muito rápido.
É preciso renová-la todos os dias.

VOCÊ É A HISTÓRIA QUE VOCÊ CONTA.
Mude-a e mudará sua vida.
Se não gosta da vida que leva, crie uma outra história.
Você tem papel e caneta.

※

VOCÊ DETERMINA SEU FUTURO.
O mesmo vento sopra para todos.
O que importa é como posicionar a vela.
Posicione-a direito.

※

SE NÃO PEDIR, NÃO VAI CONSEGUIR.
Se quiser alguma coisa, peça.
Se tiver uma reclamação a fazer, faça.

※

**QUANTO MAIS VOCÊ AVANÇAR,
MENOS SABERÁ.**
Um dos maiores filósofos que já existiram disse:
"Só sei que nada sei."
Sócrates deveria saber uma ou outra coisinha.

※

VIVA NO PRESENTE.
Apenas no presente.
Esteja presente no agora.
Ontem e amanhã são produtos da imaginação.

A VIDA NÃO É UMA MÁQUINA COPIADORA.
Não imite a vida dos outros.
Crie a sua.

❉

VOCÊ RECEBE O QUE DÁ.
Às vezes, as coisas acontecem quando menos se espera.
A vida é como a contabilidade.
Sempre se equilibra.

❉

LIBERDADE É UMA QUESTÃO PESSOAL.
Alguns são prisioneiros da própria riqueza.
Mas Mandela era livre em sua cela de prisão.
Você é o carcereiro; você é o libertador.

❉

TODA LONGA CAMINHADA COMEÇA
COM UM PASSO.
Dê esse passo. Hoje, não amanhã.

❉

O AMOR É TUDO.

A CÉDULA
DE 5 EUROS

Terça e quinta são meus dias da semana favoritos. Eu pego as crianças na escola e a gente faz o que der na telha. É sempre uma coisa diferente – e um pouco surpreendente. A caçula sai da escola mais cedo, então a gente se senta, joga alguma coisa e decifra charadas com as amigas dela, enquanto esperamos.

Eu já o tinha visto. Era o zelador da escola. Cabelo grisalho, bem-apessoado – um cara bacana, trabalhador. Todas as vezes que precisávamos de alguma coisa, ele fazia questão de ajudar. Apesar disso, eu não sabia o nome dele, nem ele o meu.

As crianças e eu estávamos jogando bola no momento em que ele se aproximou e me perguntou:

– Isto é do senhor?
– Como?
– Encontrei 5 euros. São do senhor?
– Não – respondi, sem nem pensar, e continuei a brincadeira.
– Tudo bem, vou entregar na sala dos professores – comentou.

Ao perceber o que tinha acabado de acontecer, falei do assunto com as meninas. Tentei explicar a nobreza daquele homem. Ele, com certeza, não estava montado na grana. Tinha mil razões para botar o dinheiro no bolso. Ninguém nunca saberia. E, mesmo assim, ele escolheu entregar o dinheiro.

Ele fez isso por si mesmo, de modo que pudesse dormir à noite, com a consciência tranquila. Mais tarde, fui procurá-lo.

– Como o senhor se chama?
– Spyros – respondeu, contido.
– Parabéns, Spyros.
– Por quê? – ele ficou curioso.
– Pelo que você fez.
– O que foi que eu fiz?
– Entregou os 5 euros.
– Não eram meus – disse, ainda sem entender.

Esses são os verdadeiros heróis. Essas são as pessoas que ensinarão a nós e a nossos filhos os valores fundamentais da vida.

AFIE O SERROTE

Eu o conheci no sexto ano e ele viria a se tornar meu primeiro mentor. Era professor de grego. Quando fui à casa dele, perto do porto de Pireu, vi livros por todo lado – nem um centímetro de parede à mostra. Os livros eram o papel de parede – um papel de parede precioso. A casa inteira exalava um aroma mágico muito especial que só uma tonelada de livros pode produzir. Muitos anos depois, senti de leve esse "cheiro de livro" no escritório de uma amiga, uma agente literária, que tinha milhares de obras guardadas. O aroma me levou de volta à casa do professor.

Esse professor de grego mudaria minha vida. Ele foi meu tutor de escrita do sexto ano até o fim do ensino médio. Não por causa das aulas de redação, mas pelas lições de vida. Ao final de cada ano letivo, ele sugeria uma dúzia de livros maravilhosos para as leituras das férias. Nas tardes quentes de verão, no frescor de meu quarto fechado, com o perfume das flores de jasmim entrando pela janela, eu devorava aqueles livros. Toda tarde, eu mergulhava na magia. Apenas o barulho dos amigos me chamando para jogar bola era capaz de me separar deles. E só por um tempo. Até a tarde seguinte.

À medida que fui crescendo, continuei a mergulhar no mundo mágico dos livros. Eles se tornariam o alimento de minha alma. Ainda hoje, prefiro alimentar a alma ao estômago. É claro que, hoje em dia, nem todo livro é feito de papel – temos e-books e audiolivros. Ainda assim, mesmo sem aquele cheiro especial, sempre serão mágicos.

Sempre que terminar um livro, você será uma pessoa diferente da que o começou.

Você está mais velho, mais sábio, melhor. Os livros fazem sua mente viajar e se expandir. Os livros seduzem. Ensinam a manter o aprendizado até o último dia da vida.

Aquele que sabe ler e não o faz pode muito bem ser considerado um analfabeto. Infelizmente, muita gente não lê. Em algum momento, no meio do caminho, param de aprender; deixam de evoluir.

Essas pessoas correm de um lado para outro e ficam estressadas. Você diz:

– Ei, relaxe um pouco. Pense. Mude de direção. Leia. Informe-se. Tente coisas novas. Dê um passo à frente.

– Não tenho tempo – dizem.

Não têm tempo, porém conseguem encontrar tempo suficiente para a TV.

※

Era uma vez um lenhador e seu amigo. O lenhador está empenhado em derrubar uma árvore. Por mais que ele tente, o serrote não consegue atravessar o tronco. Está cego demais. Mesmo assim, ele segue serrando, horas a fio.

– Ei – diz o amigo. – Você precisa afiar o serrote.

– Não tenho tempo – responde o lenhador.

SEMPRE HÁ TEMPO PARA AFIAR O SERROTE...

LADY MUCK

Alguns anos atrás, combinei de me encontrar com um amigo em um restaurante pequeno e agradável em uma das regiões mais ricas de Atenas. Chego dez minutos antes da hora marcada, como de costume. Sento-me e começo a observar as pessoas ao meu redor.

Na mesa ao lado da minha, há uma mulher de cerca de 50 anos, uma dessas "colunáveis". Ela mantém a cabeça erguida, com total indiferença. Os britânicos têm uma expressão para se referir a pessoas esnobes como ela: Lady Muck. De cima a baixo, ela está vestida com roupas de grife. Aquelas roupas devem ter lhe custado uma fortuna. Ela é o tipo de pessoa que parece se importar apenas consigo mesma, com a casa, o carro e, vá lá, os filhos.

Vejo entrar um vendedor de bilhetes de loteria, com uns 80 e tantos anos – alto, magro, com uma bengala e uma corcunda. Ele se aproxima da mesa de Lady Muck. Eu sei o que vai acontecer. Tenho certeza de que ela vai enxotá-lo dali. Observo com o canto do olho.

Para meu completo espanto, no entanto, Lady Muck logo se levanta e vai recebê-lo. Ela o convida a se sentar, oferecendo-lhe uma cadeira. O vendedor fica perplexo. Eu também. Ele se senta. Ela lhe serve um copo d'água. O velho bebe e agradece. Em seguida, ela lhe passa o menu para que ele possa fazer um pedido. Ele agradece mais uma vez e recusa. Ainda se sente perdido. Eles falam alguma coisa que não consigo ouvir. Eu o observo entregar a ela alguns bilhetes de loteria – um monte deles. Um a um, sem parar. Ela deve ter comprado metade dos bilhetes. Por fim, os dois se levantam. Lady Muck dá alguns passos acompanhando o homem até a porta. O vendedor exibe um largo sorriso, balançando a cabeça, incrédulo, enquanto deixa o restaurante. A mulher está ainda mais feliz.

Eu começo a rir, tentando não perder o controle. Passo a repreender a mim mesmo, não mais a sofisticada Lady Muck. Porém, aprendi uma lição muitíssimo valiosa.

Não julgue.
Apenas observe e aprenda.

Julgar e aprender não combinam muito.

SÃO COMO ÓLEO E ÁGUA.

DÊ A DESCARGA

Há um restaurante que frequento há anos. Ainda não decidi se continuo indo lá pela comida, pela atmosfera do lugar ou porque estar lá me ajuda a pensar. Talvez, pelos três motivos. O que sei é que comer na companhia de estranhos faz com que eu me sinta conectado a eles.

Costumo me presentear com uma refeição lá. A comida é sempre gostosa e barata. Escolho a mesa e o que vou comer depois que chego. Depende do meu humor e do ambiente.

Hoje decidi pedir legumes recheados, o que vai bem com um pouco de feta. Então não resisti e pedi o queijo também. Comi devagar, saboreando cada garfada. Olhei ao redor e me senti em paz. Ouvi minha voz interior e senti a calma me invadir.

Terminei e fui ao banheiro. A porta estava entreaberta. Havia alguém lá dentro. Um sujeito alto, de barba, saiu depois de um tempinho. Ele me deu um rápido sorriso constrangido, eu sorri de volta.

Entrei. Ele não tinha dado a descarga. Não gostei daquilo e comecei a pensar. Fiquei me perguntando como seria o resto do dia daquele sujeito – até mesmo o resto de sua vida – se ele tivesse dado a descarga.

Nós levamos a vida no piloto automático. É comum não nos darmos conta das consequências do que fazemos ou deixamos de fazer. E, ainda assim, somos as nossas escolhas. Até as mais insignificantes.

A vida é o que você faz quando ninguém está olhando.

É possível enganar qualquer um. Não a si mesmo. É importante sentir-se bem consigo mesmo: não na superfície do lago, onde as pedrinhas fazem pequenas ondas, mas lá no fundo, onde elas se depositam.

Faça deste mundo um lugar melhor do que encontrou. Antes de tudo, torne-se uma pessoa melhor. Seja a melhor pessoa possível. Veja bem, essas duas coisas andam de mãos dadas. Há quem diga: "Eu posso viver sem dar a descarga." E é verdade. A questão é quão *bem* essa pessoa vai viver. Com certeza, chegará a algum lugar. Mas aonde? Se quiser atravessar a rua, tudo bem. No entanto, se quiser alcançar o topo da montanha, precisará dar aquele passo a mais. Faça um esforço extra. Antes de chegar ao topo da montanha, é preciso alcançar o topo de sua própria montanha, aquela dentro de você.

PARA CHEGAR LÁ, É PRECISO DAR A DESCARGA, MEU AMIGO.

ANIVERSÁRIOS

É COMO VIVER NUM TRANSE. Como robôs, nós acordamos, encaramos o trânsito, trabalhamos; não pensamos, não sentimos. Trocamos algumas palavras, vemos TV, talvez um pouco das redes sociais para relaxar e, por fim, vamos dormir. Daí vem o despertador outra vez e estamos de volta à mesma história. Em contrapartida, há aqueles dias em que nos sentimos como se tivéssemos renascido, como se estivéssemos vivos: os aniversários, as férias, os feriados, a véspera de Ano-Novo. E, tudo bem, no dia em que seu time vence o campeonato.

E aí todos nós invadimos as ruas do Facebook – bip, bip! – com engarrafamentos e vivas, fotografias sorridentes, congratulações de todos os amigos, palavras gentis... É uma celebração. Que dura só um dia e depois desaparece, como uma borboleta.

No momento em que o ponteiro dos minutos passa da meia-noite, voltamos à ralação. Como Cinderela, deixamos o sapatinho de cristal para trás e voltamos aos farrapos. Ligamos o noticiário e retornamos às lamentações, à cara emburrada. E se, por acaso, o dia estiver nublado, pior ainda. É como um cortejo funerário.

Na escola, aprendemos que o ano tem 365 dias. O que não aprendemos é que todo dia é um presente. Todo dia é seu aniversário. Os aniversários estão no seu coração, não no calendário. Abra o presente de cada dia e aproveite.

Você só vai se dar conta do que perdeu tarde demais – a alegria que não experimentou, o amor que não compartilhou, a gratidão que não sentiu, a beleza que não viu, o bem que não praticou. Tudo isso sempre esteve presente, mas você não estava. Você só acolheu esses sentimentos no seu aniversário e naqueles outros dias "especiais"; e eles lhe fizeram muito bem.

※

Tempos atrás havia um príncipe sábio na Índia. Ele percebeu que cada dia era uma celebração. E não queria se esquecer disso. Então pediu aos criados que o fizessem se lembrar todos os dias. A cada manhã, ao se levantar, o príncipe se deitava em um caixão e os criados lhe entoavam um cântico. Depois do ritual, ele saía do caixão e celebrava o dia. Ele viveu a vida. Todos os dias.

Só quando se aproximar da morte você saberá o que a vida significa.

Comece a viver todos os dias.

COMO SE FOSSE SEU ANIVERSÁRIO.

A MÃO DE DEUS

Eu estava indignado. Digitei a mensagem no telefone como se estivesse abrindo fogo no campo de batalha. Cada letra era um tiro. Era uma mensagem longa, ofensiva e furiosa. Muito furiosa. Eu a reli muitas vezes antes de enviar, não para corrigir alguma coisa, mas para saboreá-la um pouco mais a cada vez. Chegou o momento de pressionar "enviar". Pressionei. Eu tinha 4G e ótima conexão. Entrega garantida.

Por alguma razão, contudo, um pequeno símbolo vermelho surgiu na tela. O texto não tinha sido enviado, no fim das contas.

Eu me preparei para acionar a função outra vez. Meu dedo passeou pela tela. Porém, dessa vez, hesitei. Em outros tempos, eu teria feito isso na mesma hora, repetidas vezes. No entanto, dessa vez, alguma coisa dentro de mim me fez desistir. Foi como se uma espécie de mão invisível tivesse segurado a minha, me dando a chance de reconsiderar. Essa mão sempre aparece em momentos assim. E nunca erra.

Eu reconsiderei e pensei em todas as consequências. Enviar aquele texto teria sido um tremendo erro.

Uma palavra proferida e uma pedra lançada não podem ser recuperadas.

Ao enviar aquela mensagem, não seria possível pegá-la de volta nem desligando o telefone e retirando a bateria. O foguete já teria sido lançado.

Eu parei e refleti sobre como teria sido imaturo e destrutivo enviar aquela mensagem. Teria obrigado o outro lado a responder e viraria uma guerra sem fim. Nós dois sairíamos perdendo. E qualquer tentativa de fazer as pazes no dia seguinte seria em vão. Agradeci àquela mão invisível que havia me protegido. Não sei de onde veio, mas prometi seguir seu conselho no futuro. Quando eu era criança, minha avó me falava da mão de Deus. Com certeza, era a isso que ela se referia.

COMO A SENHORA ESTAVA CERTA, VOVÓ!

NÃO REAJA. RESPONDA.

Vocês estão jogando tênis. Seu adversário saca a primeira bola. Se você não rebater, ele marca um ponto. Você vai atrás. Corre quase até a arquibancada e consegue rebater no último segundo. Devolve a bola, com mais força e menos controle. Seu oponente faz a mesma coisa. Essa bola é ainda mais rápida. O bate-pronto continua. Assim como a insanidade disso tudo.

Você está com seu parceiro ou parceira. A pessoa está irritada e diz alguma coisa tola (como se você nunca fizesse isso!). Contudo, em vez de deixar passar, você corre atrás da bola e rebate o golpe. A devolução é imediata. No final do set, os dois estão exaustos e irados. Ninguém quer ver a cara do outro. Você não quer ver nem *a própria cara*.

Imagine a mesma situação no escritório, na rua, no banco.

Na famosa parábola, Cristo ensina a oferecer a outra face. Era disso que ele estava falando.

Os antigos já diziam: "Conte até dez antes de falar."

Li em algum lugar que o termo "responsável" vem das palavras "apto" e "responder". Pessoas respondem. Animais reagem.

Existe a hora de sacar e a hora de responder; hora de deixar a bola cair fora da quadra e de devolvê-la. Algumas vezes, você rebate um voleio e, em outras, acerta a bola depois que ela quica no chão; às vezes com mais força, às vezes com menos; às vezes, de perto da rede; em outras, do meio da quadra. E, por fim, chega a hora de cumprimentar o adversário, a hora de conversar com ele. E, então, é preciso deixá-lo em paz.
Aprenda a rebater a bola da forma correta. Como na vida.

QUER DIZER, SE QUISER PARTICIPAR DO TORNEIO.

O SUPERPAI

Eu não o vi durante o embarque no avião. Só reparei nele mais tarde, no momento em que se virou e verificou o que os filhos estavam fazendo. Ele virou todo o corpo, não só a cabeça, para ter uma visão melhor. Aquilo me pareceu meio exagerado, apesar de carinhoso.

Ele tinha cerca de 40 anos, cabelos grisalhos e óculos de armação fina. Tinha um ar juvenil, vestido numa camiseta polo, com a gola levantada. Havia um charme natural em seu olhar, cheio de amor e acolhimento, na medida certa que os filhos precisavam – nem de mais, nem de menos. Seu olhar era também gentil, tão gentil quanto uma carícia. Era como se, cada vez que se virava na direção dos filhos, não se limitasse a olhar, mas fizesse um carinho neles. Com afeto, dedicação e, acima de tudo, com respeito.

Não era como se quisesse vigiar ou controlar os filhos. Ele prestava atenção e ouvia de verdade, sem pegar no pé ou invadir o espaço das crianças. Muitas vezes os filhos lhe faziam perguntas, como quem consulta um mentor ou alguém por quem se tem grande respeito. E ele ouvia, de modo atento, sem interromper nem dar respostas automáticas. Quase sempre, parecia intrigado e não tinha medo de demonstrar. Ele olhava para o chão e refletia por um instante. Eu o observei com o máximo de discrição. O Superpai me conquistou.

A certa altura, ele se levantou e passou por mim. Seu perfume era bom. Ele seguiu pelo corredor, depois de uma breve olhada nos meninos para ver o que estavam fazendo. Ao se levantar, fez uma carícia rápida no cabelo das crianças – de novo, nada de mais nem de menos.

Então chegou a hora de o jantar ser servido. A família inteira optou pelo cardápio vegetariano. Mais uma vez, antes de começar a comer, o Superpai se certificou de que os meninos tinham tudo de que precisavam, como você faria com um convidado de honra em sua casa. Um dos meninos reparou que outros passageiros estavam comendo um prato de massa e perguntou ao pai se ele poderia experimentar a outra opção. Com um sorriso nos olhos e muito educado, o Superpai consultou a aeromoça. Ela respondeu que seria preciso esperar até que todos fossem servidos e verificar se sobraria algum prato de massa. O pai, por sua vez, explicou ao filho, que ficou esperando ansioso. Quando a aeromoça chegou às últimas fileiras, o Superpai, com jeitinho, renovou o pedido, porém não havia sobrado o prato que a criança queria.

Ele voltou a se sentar e explicou a situação ao filho, como se estivesse falando com um dos mais importantes passageiros da primeira classe. Por fim, de olhos fechados, deu um beijinho carinhoso na bochecha do filho, segurando a cabeça da criança com uma das mãos.

Não era um pai típico. Parecia ter um ímã invisível que atraía as crianças. Tinha um olhar e um toque mágicos. E, mesmo que ele não estivesse tocando ou olhando para as crianças, elas pareciam envoltas na capa invisível de proteção do pai.

Não se veem pais como esse com muita frequência e eu concluí que nós somos responsáveis por isso. Não nos damos conta da importância do papel de um pai ou de uma mãe.

Nós tentamos forçar as crianças a entrar em nosso mundo, em vez de mergulharmos no mundo mágico delas.

Falhamos frequentemente em tratá-las de igual para igual; em vez disso, fazemos valer nossa autoridade, como se estivéssemos no exército. Gritamos com elas e não prestamos atenção no que dizem. Ficamos por perto, porém ausentes. Ficamos perdidos em nossos pensamentos e equipamentos eletrônicos.

Naquele dia, no avião, o Superpai me lembrou que ser pai importa muito.

O SUPERPAI, COM A GOLA LEVANTADA E O OLHAR ACOLHEDOR.

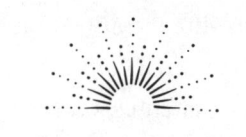

FIQUE COM DEUS

Eu o vi com o canto do olho enquanto dirigia, ao dobrar uma esquina na avenida. Corpulento, sujo e exausto do trabalho, estava sentado no degrau diante da fábrica. Eu estava sozinho no carro e encostei, com a intenção de ver se ele queria uma carona. Toda vez que estou nas ilhas, tenho o hábito de oferecer carona aos pedestres. Eles sempre têm uma história para contar, uma experiência a compartilhar e um sorriso para dar. Sempre me sinto um homem melhor depois de passar um tempo com eles.

– Para onde o senhor está indo?

Havia apenas uma estrada na ilha de Amorgos, então quase não fazia diferença o que ele respondesse.

– Kamari – disse ele.

Com alguma dificuldade, ele se sentou no banco do passageiro (era ainda mais pesado do que parecia. E estava ainda mais cansado). O homem não estava no clima de bate-papo. Como poderia, depois de oito horas em pé? O silêncio foi quebrado pelo bip do cinto de segurança.

– O senhor precisa colocar o cinto – falei.

Ele não respondeu. O bip soou mais alto. Um clima estranho. Depois de três ou quatro minutos, o bip parou e o silêncio retornou.

– O senhor é daqui?

– Sim.

– Mora em Kamari?

– Sim.
– Tem muita gente na ilha durante o inverno?
As perguntas não deixaram a conversa morrer. Ele me contou dos 1.500 moradores permanentes, da escola na cidade principal e do ônibus que levava as crianças de todos os pontos da ilha até lá. Falou da fábrica de reciclagem onde trabalhava. Além disso, conseguiu sorrir umas duas vezes.

Compartilhar é tudo.

Abra a porta e deixe as pessoas entrar. Conecte-se com elas. Essa conexão faz de você um Ser Humano. Perceba aquele sorriso rondando o rosto das pessoas – em especial, o de estranhos. É como se todo o Universo estivesse amanhecendo e o horizonte se enchendo de cores. E assim será com seu coração.

A neurociência já provou o efeito gentileza, o que costumávamos chamar de "fazer o bem". É preciso se importar com quem está ao nosso lado. Surpreenda aquela pessoa especial, diga uma palavra gentil a um estranho e ajude a quem precisa. Todos esses gestos de gentileza produzem dopamina, o hormônio do bem-estar, da felicidade e da inspiração. Você se sente bem consigo mesmo e em comunhão com seus companheiros humanos. Veja bem, essas duas coisas andam juntas.

Assim, ouvi o simpático trabalhador falar de Amorgos até chegarmos ao destino dele. Despedi-me. Entretanto, ele havia deixado o melhor para o final.

– Fique com Deus, filho! – disse ele, antes de se afastar.

Eu fiquei ali o observando caminhar, com seu fardo nos ombros, até desaparecer de vista. Meus olhos estavam cheios d'água.

GRATIDÃO.

O RESTAURANTE

Costumo sentir muita fome na hora do almoço. Não era nem meio-dia e meu carro já me conduzia a toda velocidade ao meu restaurante favorito.

Abri a velha porta de madeira, entrei e percebi que não havia muita gente lá dentro. Os garçons sorriram para mim. Peguei uma mesa perto da parede, do jeito que gosto. Sentei-me e conferi o ambiente.

Perto da janela havia um homem de cerca de 50 anos, debruçado sobre a sopa numa cena que parecia de devoção. Completamente alheio ao ambiente ao seu redor, concentrava toda a atenção na sopa. Nela, mergulhava o pão, a colher e todo o seu ser.

Um sorridente homem com seus 70 anos, usando uma jovial camiseta vermelha, com semblante também jovial, estava à minha frente. A passagem do tempo havia deixado um sorriso permanente em seu rosto – um sorriso genuíno, do tipo que ilumina o ambiente. Ele conhecia todos os garçons e tinha algo a dizer a cada um deles. Eles circulavam em torno da mesa do homem, como abelhas em uma colmeia. Ele pediu a sopa de lentilha sem parar de sorrir. Era como se estivesse no primeiro encontro da vida.

Depois de algum tempo, dois amigos entraram e se sentaram numa das mesas da frente, que parecia ser o lugar de costume deles. Também estavam animados diante da perspectiva de saborear a comida gostosa e caseira que atraía todos ao restaurante. Eu me surpreendi quando o garçom serviu duas cervejas sem que eles sequer precisassem pedir – é provável que fosse o ritual costumeiro deles. Por isso gosto tanto desse lugar: tem um serviço cinco estrelas, direto do coração.

Minha comida chegou e, enquanto eu a saboreava, continuei a observar meus colegas de almoço. Todos aqueceram meu coração – todos eles –, do sujeito imerso na sopa ao eterno adolescente de camiseta vermelha, passando pelos dois amigos com as cervejas. Era como se fossem meus velhos amigos.

Nossas mesas estavam alinhadas, de modo que eu conseguia absorver tudo. A certa altura, todos perceberam que eu estava ali – exceto, claro, o homem da sopa. Não trocamos uma palavra – apenas alguns olhares, mas muito significativos.

Comemos juntos, a despeito de não nos conhecermos. Era como se estivéssemos sentados à mesma mesa, apreciando cada garfada (ou colherada) que o outro comia. O homem da sopa saiu primeiro. Depois, a comida dos dois amigos chegou, junto com outras duas cervejas. A sopa de lentilha do "adolescente" também já estava quase no fim.

Fui o segundo a sair. Antes de abrir a porta de madeira, me despedi dos garçons e, em silêncio, de meus companheiros do restaurante. Talvez eu nunca mais os veja, mas esse pequeno grupo de pessoas aqueceu meu coração naquele dia. Foi um daqueles momentos que você sabe que jamais esquecerá. Eu dei uma última olhada neles pela janela. Um pouco à frente na rua, o homem que havia mergulhado na sopa estava à espera do ônibus. Acenei em silêncio e segui em direção ao meu carro. Foi como se eu tivesse saído para comer sozinho e tivesse me encontrado com meus amigos.

Como aqueles amigos que fazemos ao longo da jornada da vida.

GOL CONTRA

Eu adoro Vouliagmeni, em especial durante o inverno. Esse distrito litorâneo próximo a Atenas fica um pouco menos lotado nessa época. E as cores mudam. Como se Deus estivesse editando a foto: num dia, o céu fica um pouco mais cinzento, no outro, o mar fica um pouco mais azul e, no dia seguinte, a espuma das ondas fica um pouco mais branca. Esse programa de edição também pode mexer nos sons, cheiros e no vento, criando uma experiência diferente a cada vez.

Às vezes as pessoas invadem a foto. Apesar disso, se as considerarmos parte do cenário, ainda é possível apreciá-lo. Assim como muita gente, eu costumava ficar irritado com qualquer intrusão, por mínima que fosse. Hoje em dia, apenas observo e, de vez em quando, contemplo.

É tarde de domingo na rua principal de Vouliagmeni. Um casal acaba de estacionar e está saindo do carro para dar um passeio. Acontece que eles vão se irritar. Não que pretendam fazê-lo. Porém, pouco a pouco, as coisas se tornam um hábito, depois se transformam numa muleta e a gente acaba se irritando por qualquer bobagem.

O homem deixa o banco do motorista com uma ruga de exasperação.

– Dá só uma olhada onde esse idiota estacionou – diz ele, entre os dentes.

A namorada olha na direção do acusado e eu também. Nós dois ficamos confusos. O carro da frente está estacionado quase em frente a uma lata de lixo. Tudo bem, não é o carro mais bem estacionado do mundo, mas já vi transgressões mais graves. Não estava bloqueando uma garagem ou outro veículo, por exemplo. Fiquei observando para tentar entender melhor a situação, mas era só isso mesmo.

Passamos tempo demais metendo o bedelho na vida alheia. Os especialistas chamam isso de energia e é a coisa mais importante que possuímos. É ainda mais importante do que a saúde, porque a energia determina sua saúde. Há coisas que conseguimos controlar e é para isso que precisamos direcionar nossa energia. Ainda assim, é comum optarmos por desperdiçá-la em coisas que não podemos controlar, via de regra criticando e fazendo fofoca. E esse é nosso erro.

Segui em frente e pensei no casal. O sujeito já tinha estragado metade do dia, o dele e o da namorada. Tinha desperdiçado energia. E sabe-se lá quantas vezes ao dia ele faz aquilo. Se fosse um goleiro, teria mandado a bola para dentro da própria rede.

Chegará um momento em que ele se olhará no espelho e dirá:
– Dá só uma olhada nesse *babaca* – falando entre os dentes outra vez.

Se nos falta percepção, deixamos a bola escapar.

Ao direcionar nossa energia de maneira equivocada, perdemos tudo: entusiasmo, apetite e até a vida. É uma pena.

NO FUTEBOL, CHAMA-SE GOL CONTRA.

A ARTE DE VIVER

Eu planejei pegá-las para um passeio no início da noite. Apesar de não ser o meu dia, depois de uma separação, é comum que pai e mãe arrumem uns dias a mais, além dos já combinados, permitindo que o outro passe um tempo com os filhos. Com a gente é a mesma coisa. A única diferença, dessa vez, foi que minha caçula teve dor de barriga e não pôde sair.

Então peguei a mais velha. Durante o ano letivo, há muito que fazer e o tempo é escasso. No verão, contudo, as coisas são um pouco mais relaxadas.

Decidimos dar uma caminhada pelo litoral da região de Glyfada. Sem planos, apenas seguindo o fluxo. Quando não se tem a companhia dos filhos todos os dias, aprende-se a aproveitar cada minuto com eles – cada segundo, na verdade.

O comércio estava aberto, então seria difícil encontrar uma vaga em um estacionamento. O primeiro estava lotado, o segundo fecharia dentro de uma hora e meia, no mesmo horário das lojas. Talvez não conseguíssemos voltar a tempo. Logo, bolamos um plano: assim que o funcionário percebesse uma vaga do lado de fora do estacionamento, ele colocaria nosso carro lá e deixaria a chave num lugar secreto, previamente combinado. Dei meu número de telefone, para que ele pudesse me informar onde havia estacionado. Depois de combinar com minha filha, dei ao moço uma boa gorjeta. Esse foi nosso primeiro sucesso da noite.

Seguimos rumo ao cinema. Tentei convencê-la a ver sua mais nova obsessão, *Mulher-Maravilha*, um filme de gente grande, assim eu poderia enfim conhecer essa super-heroína. Ela não quis, e eu não insisti. Continuamos a descer a rua em busca de um sorvete. No breve debate acerca de uma ou duas bolas, não tive qualquer chance. Saímos de lá carregando grandes casquinhas. Em seguida, nos dirigimos ao parque, que estava fechado havia meses. Pensamos em pular a cerca, como tínhamos feito da última vez. Mas o guarda do parque nos fez abandonar a ideia.

Devorando os sorvetes, partimos em busca de nossa próxima aventura. O pátio da escola de Glyfada pareceu uma boa opção. Fomos ao parquinho, onde uns meninos estavam jogando bola. Trocamos alguns passes, mas a brincadeira não durou muito. Seguindo algumas pessoas que entravam no prédio da escola, começamos a ouvir uma música ao longe. Aquilo nos levou a uma surpresa: numa sala no fim do corredor, havia um coral com cantores de meia-idade, regido por seu maestro. Estavam cantando canções antigas, e havia também um violino. Era maravilhoso. Ficamos na porta, ouvindo. A certa altura, o maestro nos viu de relance e preferiu nos ignorar. Ele continuou a fazer seu trabalho com dedicação absoluta. Até que enfim! Era o tipo de coisa que estávamos procurando.

Saímos da escola revigorados e decidimos pegar o patinete da minha filha, que vive no porta-malas do meu carro. Havia outra agradável surpresa à nossa espera. Ao chegar ao estacionamento, descobrimos que o carro estava parado numa vaga bem na frente. Matamos dois coelhos com uma só cajadada: pegamos a chave do carro e o patinete! Viva!

Continuamos a seguir sem rumo. Vi uma loja nova que tinha café, frutas secas e castanhas. Experimentei um pouco das mangas desidratadas e da maçã. Gostei tanto que comprei duas porções para levar. Minha filha não quis nem saber do assunto.

– Eu não como frutas secas – ela me interrompeu antes mesmo de eu conseguir lhe oferecer um pouco.

Ela me deu um sorriso tímido e voltou ao patinete.

Descendo a calçada, ganhamos mais velocidade do que o recomendado e quase arrastamos junto duas ou três pessoas. Ainda bem que recebemos apenas alguns olhares dos pedestres.

A parada seguinte foi num ambulante que vendia pequenos enfeites artesanais. Minha filha viu um pom-pom verde-pistache que custava dois euros. A caçula vinha querendo um igual àquele e minha filha mais velha sabe que verde-pistache é a cor favorita da irmã. Assim que ela botou os olhos no pom-pom, seu rosto se iluminou.

– Vou botar ao lado da cama dela. Vai ser a primeira coisa que ela vai ver de manhã.

Ela voltou a subir no patinete, assobiando uma melodia alegre.

Nós dois ficamos com vontade de fazer xixi e avistamos uma lanchonete um pouco à frente. Compramos uma garrafa de água e pedimos para usar o banheiro. Ficamos tentando entender o homem à nossa frente na fila, que lavou as mãos *antes* de usar o banheiro masculino, mas não chegamos a nenhuma conclusão.

Então tivemos a ideia de ir a uma de nossas lojas favoritas, de um colecionador que vende peças raras de Lego. Eu sabia que levá-la a essa loja me custaria uma pequena fortuna. Apesar disso, concordei em ir, porque sabia que a loja estava prestes a fechar. De fato, ele estava acabando de fechar a loja quando chegamos lá.

– Ah, que pena! – exclamei.

Ela me deu um sorriso esperto e respondeu:

– Tudo bem. Vamos até a loja grande, aquela com escada rolante.

Apressamos o passo a fim de chegar lá antes de fechar. Dessa vez, eu sabia que teria mais sorte, porque eles fecham mais tarde, às 9 horas. Chegamos em cima da hora e fomos direto à seção de Lego. Admiramos o imenso e impressionante acervo. Escapei das compras com algumas promessas vagas.

Depois disso, uns amigos com filhos, com quem tínhamos combinado de jantar, nos ligaram, cancelando o programa. Tinham se atrasado com toda a sorte de atividades das crianças – ao contrário de nós, que estávamos apenas batendo perna. Eu gostei, contudo, porque isso significava que nós poderíamos ir sozinhos ao nosso restaurante favorito.

E assim fizemos. O restaurante tinha uma luz ambiente maravilhosa, e pudemos apreciar uma das primeiras noites do verão. Apesar de estar quase lotado, conseguimos uma boa mesa, com um sofá de dois lugares. Sentados lado a lado, pedimos refrigerantes e nosso prato favorito, espaguete ao alho e óleo. Tomei uma taça de vinho para celebrar a ocasião. Fizemos charadas, desafiamos um ao outro, falamos de tudo nesse mundo e demos risadas. Parecíamos uma dupla feliz. A certa altura, o garçom nos interrompeu, porque o patinete tinha deslizado até o outro lado do restaurante, levando junto nossas comprinhas. Morremos de rir e o estacionamos com mais cuidado. Quando a comida chegou, minha filha pediu que eu lhe desse na boca. Em outra época, eu teria reclamado. Não mais. Já aprendi que esses momentos são preciosos e deixo que minhas filhas me guiem ao longo de sua estrada mágica.

Depois de pagar (ela digitou a senha na máquina do cartão de crédito, é claro), ela achou que podia me pedir mais uma coisinha.

– Em cima, papai! – disse, sabendo que eu entenderia.

O que ela quis dizer era que eu deveria carregá-la nos ombros, e que minha cabeça seria usada como volante. Do jeito que fazíamos no passado. Só que, agora, ela pesava 30 quilos, sem falar que o carro estava a uns 300 metros de distância. Eu não quis dizer não, então, com um movimento rápido, eu a pus em meus ombros. Ela segurou em minhas orelhas, como um cocheiro segura nas rédeas do cavalo. Aquilo foi um pouco dolorido, mas o prazer que senti foi muito maior. Devíamos estar um espetáculo: em uma das mãos, eu levava um patinete e, na outra, as compras, com minha filha lá em cima. Os 300 metros pareceram infinitos. Sou grato, mesmo assim, porque, o tempo todo, nós morremos de rir diante da perspectiva de eu tropeçar e a gente cair na calçada, espalhando o patinete, meia garrafa de água, o pom-pom verde-pistache e as frutas secas indesejadas pelo caminho. Minha filha ria e eu sentia a barriga dela balançando contra meu pescoço. Foram 300 metros de pura alegria. Quando chegamos ao carro, eu quase não sentia mais o pescoço. Apesar disso, estava em estado de graça.

Entramos no carro e não falamos muito. Não era preciso. Eu a levei até a casa da mãe. Chegando lá, ela me deu o abraço mais apertado do mundo e ficou ali, grudada em mim, por alguns segundos, com os olhos fechados. Eu lhe dei um beijo e a observei se afastar. Antes de entrar, ela se virou e me deu um último olhar sorridente.

É provável que esse tenha sido um dos dias mais felizes da minha vida. Talvez alguém diga que não fizemos nada de especial, mas aquilo foi tudo para mim. Eu precisei de muito tempo, muito trabalho e muita dor até aprender a viver, até aprender a arte da vida. Compreendi que momentos assim não voltam. Que o agora é a única coisa que existe.

Eu sei que a emoção é minha única verdade, meu único tesouro.

Sei que adoro minhas filhas e todas as crianças do mundo, do jeito que são. Elas não precisam fazer nada, apenas ser elas mesmas. Sei como apreciar o presente. Não há qualquer garantia de que estarei vivo amanhã.

Foi apenas uma noite breve. Para mim, foi uma vida inteira.

SEJA GRATO PELA VIDA.

NUVENZINHAS CARREGADAS

ELES ESTÃO POR TODA PARTE – nos carros, no metrô, na rua. Arrastam-se sem vida, como se fossem brinquedos movidos a corda; cabeça baixa, olhar caído, telefone na mão. Os mais jovens costumam usar fones de ouvido. Saíram direto de um episódio de *Black Mirror*. No metrô, parecem estar num cortejo funerário. Se, por acaso, for uma segunda-feira ou se o clima estiver ruim, ou ambos, parecem ainda mais taciturnos. E é melhor não esbarrar neles ou estará em apuros. Sim, há algumas exceções, mas não muitas.

Infelizmente para eles, é a mesma coisa em toda cidade grande. Olhos grudados no celular, polegares tamborilando na tela, quase todas as orelhas conectadas a fones de ouvido. É um desfile de nuvenzinhas carregadas. Cada um deles tem a própria nuvem os seguindo por onde vão – mais fiel do que um cão –, nas escadarias, no elevador, no carro. Em algum lugar lá no alto, as nuvenzinhas se unem e se tornam uma imensa nuvem, preta como carvão. Poderíamos chamar isso de neblina emocional. E ela é tóxica – mais tóxica do que qualquer coisa.

Os celulares não são os únicos culpados, mas pioram a situação. Você está conversando com um amigo e ele deixa o telefone à mostra. Na melhor parte do papo, as notificações apitam como loucas. Você pode estar prestando atenção em cada palavra do amigo. Ainda assim, a cabeça dele está nas mensagens. E com

você não é muito diferente. Mesmo que não esteja segurando o aparelho, você gira em torno dele, como uma abelha na colmeia. Você está jantando com um amigo. Ele se levanta e vai ao banheiro. Você não consegue resistir, pega o maldito telefone. E sempre tem uma boa desculpa:
– Estou esperando um e-mail importante uma mensagem uma ligação. Preciso ver o que aconteceu.

Mentira. Você está viciado, como a maioria de nós. E é o vício mais sinistro de todos. Como se não bastasse, começa cedo. Nossos filhos quase já nascem com ele.

Quanto mais a tecnologia avança, oferecendo mais e mais jogos e aplicativos, mais nos recolhemos em nossas cavernas tecnológicas.

O maior presente que você pode oferecer aos outros é a sua presença. Quando estiver com os amigos, *esteja* com os amigos.

Então desligue essa porcaria. Deixe em casa. Isso vai mudar sua vida. No aniversário de um amigo, ligue para ele, não se limite a postar uma mensagem de "Feliz Aniversário". Ao acordar de manhã, primeiro abrace o seu amor, depois verifique as mensagens. Se estiverem sozinhos, olhem-se nos olhos.

SEM NUVENZINHAS CARREGADAS PAIRANDO SOBRE A CABEÇA.

EMMA

Eleni e eu vínhamos tentando nos encontrar havia semanas, talvez meses, nos ligando em horários desencontrados. Desde o início, eu tinha ficado animado com o sonho dela. Um ano antes, ela enfrentara a pior experiência possível: perdera uma filha de 24 anos para o câncer. Infelizmente, nunca tive a chance de conhecer Emma, essa jovem bonita, vivaz e carismática, cheia de otimismo e alegria de viver. O sonho de Emma tinha sido o de proporcionar uma vida melhor para pacientes de câncer: com músicos, pintores, escritores e outras pessoas talentosas visitando-os no hospital. Eles organizariam jogos, exibição de filmes e debates, compartilhando seus talentos na tentativa de ajudar pacientes a se tornarem mais fortes e otimistas. Ofereceriam uma experiência melhor e aumentariam as chances de sucesso, porque uma atitude positiva implica um sistema imunológico melhor.

Outro dia, afinal, Eleni e eu conseguimos nos encontrar. Não tive qualquer dificuldade em identificá-la em meio a outras pessoas. Era uma mulher elegante e respeitável, vestida de preto. Havia a sombra de um sorriso, tanto quanto a perda de uma filha pode permitir. Estava determinada a transformar o sonho de Emma em realidade.

Nós conversamos por um longo tempo. Seus olhos brilhavam. Mesmo que o fogo da existência de sua filha tivesse se apagado, Eleni conseguiu soprar as últimas brasas e reacendê-lo. Não era possível discernir se o fogo pertencia a Emma ou a Eleni, porque elas se uniram em uma mesma chama.

— Nós começamos no hospital que acolheu nossa iniciativa — contou ela.

As pessoas especiais sempre dizem "nós" e "nosso". Mesmo tendo toda a razão do mundo para dizer "eu" e "meu".

— Recebemos autorização para usar um dos quartos e logo nossa ideia se tornou parte da programação do hospital. Todos lá nos apoiaram, dos seguranças aos enfermeiros e médicos. Dentro de duas semanas, todos conheciam o projeto "Vamos agir juntos".

As pessoas especiais estão sempre na ativa, mesmo que não tenham nenhuma razão para isso.

— Nosso sonho não pode esperar — disse ela. — Nós já começamos, porém precisamos divulgar a ideia e você pode ajudar.

Nossa reunião durou cerca de uma hora. Ao nos despedirmos, eu estava muito emocionado e comprometido a ajudar o sonho de Emma a se concretizar. Estava determinado a conhecer a mulher singular que sua filha foi por meio desse projeto maravilhoso, mesmo que eu nunca tenha tido a honra de apertar sua mão.

Ela se chamava Emma.

ELA SE CHAMA EMMA.

A EQUAÇÃO

Assim que ele entrou na loja, eu vi que estava louco para reclamar. A postura o denunciava: ombros afundados, mãos nos bolsos, cenho franzido, lábios repuxados, como se fosse espirrar. Ele estava lutando para se segurar.

– Isso é um roubo! Eu paguei 700 euros pela passagem de avião e quanto você acha que eles cobraram pela remarcação? Sério, quanto?

– Ah, não sei – o outro sujeito deu de ombros.

– Quatrocentos! – Ele olhou em volta, em busca de plateia.

Nossos olhares se cruzaram por meio segundo, mas eu tratei logo de desviar. Era só o que me faltava: ficar preso no meio do fogo cruzado.

– E eu disse "Cara, eu estou trocando a passagem com um mês de antecedência, não em cima da hora. Por que preciso pagar tanto?".

E ele olhou na direção do céu, com as palmas das mãos voltadas para o alto, perplexo, bancando o mártir indefeso.

Eu terminei o que estava fazendo e dei o fora. Fiquei pensando em como esse sujeito estava desperdiçando a vida. Demais. Tenho certeza de que ele conhecia as regras das reservas de passagens antes de comprar a dele. Ele só queria reclamar. Se não fosse por isso, seria por outro motivo.

Há coisas que podemos controlar e outras que não. Na escola, as equações que precisávamos resolver eram feitas de variáveis conhecidas e desconhecidas. As conhecidas são predeterminadas. O próprio nome já diz. O que é preciso fazer é calcular as desconhecidas.

Os mentirosos vão mentir, os idiotas vão dizer coisas estúpidas; haverá trânsito pesado de manhã cedo, vai fazer calor no verão. Essas são as variáveis conhecidas. As formas como você lida com a mentira, a estupidez, o trânsito e o calor são as desconhecidas. Aí é com você.

Não importa quanto alguém tente mover uma árvore bem enraizada, não vai conseguir. Só vai desperdiçar energia e ficar de mau humor.

Nós nos preocupamos com coisas que não podemos controlar e, no fim, não temos energia para viver nossa vida.

É por isso que algumas pessoas perdem o fôlego e ficam esgotadas. Esvaziaram o tanque de combustível dirigindo em círculos.

Portanto, comece identificando as variáveis conhecidas e as desconhecidas. Naquele dia, na loja, o sujeito com o cenho franzido era uma condição predeterminada; escapar dali rapidinho era a variável.

DE VEZ EM QUANDO, PULO FORA RAPIDINHO.

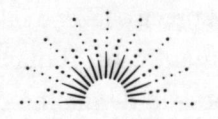

POR QUE ALGUMAS PESSOAS TÊM SUCESSO

É TARDE DE QUARTA-FEIRA, estou no mercado central de peixes. Dou uma volta inalando todos os aromas e ouvindo os gritos dos peixeiros vendendo seus produtos. Logo eles percebem que não vou comprar nada e me deixam em paz. Paro em uma das bancas, sem saber por quê. *São todas iguais*, penso. Por alguma razão, essa se destacou das demais. Tento entender a diferença, como fazíamos com aquele "jogo dos sete erros" na infância.

Primeira diferença: os peixes estão todos organizados com primor. Segunda: o gelo é mais soltinho e mais branco, como neve fresca. Terceira: a banca é limpíssima, poderia ser uma sala de cirurgia. Quarta: as pessoas trabalhando ali não param. E sorriem. Bem quando acho que terminei a brincadeira, presto atenção na dona do lugar. É uma mulher na casa dos 40 anos, em pé no centro do espaço, usando um avental impecável, apesar de já estar ali há horas. Suas galochas brilham de tão limpas. O cabelo está arrumado como se ela estivesse indo a um evento. Ela não grita como os outros vendedores, porém, com um cone de papel a postos, domina a cena.

Algumas pessoas simplesmente escolheram o sucesso. E o sucesso é feito de porções diárias de hábitos que parecem insignificantes. Pessoas de sucesso chegam aos compromissos com pelo menos dez minutos de antecedência, seja um encontro com o filho ou com o presidente dos Estados Unidos. Preferem esperar a deixar os outros esperando. A bateria do celular nunca descarrega, porque elas sempre a carregam na noite anterior. Se têm uma loja, nunca ficam sem troco. Elas param no sinal vermelho primeiro porque se respeitam e, segundo, porque seguem as leis. Elas nunca são vistas pela rua devorando um sanduíche, pois se cuidam e se sentam ao menos por cinco minutos na hora do almoço. No metrô, são vistas lendo, sem incomodar nem serem incomodadas. Elas nunca reclamam da falta de tempo, porque têm tempo suficiente para tudo que fazem. E fazem muita coisa. Essas pessoas vivem a vida; não são arrastadas por ela. Aprenderam a arte de viver. Em primeiro lugar, ouvem e, depois, falam. Agem em vez de reclamar. Observam em vez de julgar. Se os clientes ou sócios ficam satisfeitos, elas se sentem ainda mais satisfeitas. Elas se importam de verdade com as outras pessoas. Antes de tudo, preocupam-se consigo mesmas e seu rosto sorridente mostra isso. Elas amam o que fazem. Têm o que querem porque querem o que têm. Sabem dizer "não" sem erguer a voz. Consideram o próprio trabalho o mais importante do mundo.

Essas pessoas têm altas expectativas em relação a si mesmas e, depois, em relação aos outros.

Elas focam nos objetivos, sem distração. Fazem você ganhar o dia porque, antes, fizeram questão de ganhar o delas. Não se levam a sério demais. Sabem de muita coisa, mas a maioria sabe que não sabe tudo. Essas pessoas têm sucesso mesmo quando "falham". Têm sucesso pelo simples fato de que decidiram ter.

COMO A MULHER COM O AVENTAL IMPECÁVEL E AS GALOCHAS BRILHANTES.

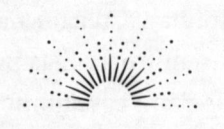

FELICIDADE

Às vezes, parece que tudo faz sentido, ainda mais quando ouvimos as palavras de um especialista.

Tudo clareou na minha cabeça durante a fala de um palestrante carismático chamado Dan Gilbert, numa conferência TED. Ele estava falando sobre a ciência da felicidade, dando o exemplo de dois homens: um ganhou milhões na loteria; o outro ficou paraplégico num acidente. Um ano depois, os pesquisadores revisitam os dois homens. Quem é mais feliz? O ganhador da loteria, certo? Errado. Um é tão feliz quanto o outro.

A novidade da riqueza logo perdeu a graça para o homem rico. Ele deixou de reconhecer o valor do dinheiro que ganhara. A mesma coisa serve para o homem paraplégico. Ele aprendeu a viver com as limitações. Não gosta da situação, mas se acostumou a ela.

A busca pela felicidade é a razão de estarmos aqui. Nada inspirador pode funcionar sem ela – nem seu trabalho, seu hobby ou mesmo sua saúde. Sem a felicidade, nada faz sentido.

Nós nos sentamos e esperamos que a felicidade bata à nossa porta. Mas, se o entregador chega nos oferecendo uma porção de alegria, não ouvimos a campainha porque nos perdemos em nosso mundinho.

E, ainda assim, a felicidade já está aqui. Somos nós que não estamos. A alegria está disponível desde o momento em que abrimos os olhos de manhã, no banho frio que nos desperta, na última fatia de pão do pacote, no carro que funciona, na luz do sol e na cama quentinha que nos espera no fim de um dia duro. A felicidade não é o evento em si. A felicidade são os óculos usados para enxergá-la, apreciá-la e permitir o encantamento por ela. Se você não estiver com os óculos corretos, é preciso trocar por outros novos. São gratuitos.

A felicidade é como o pão. Aprenda a fazer pão. E, quando o fizer, deixe a janela aberta.

Abra a janela para que toda a vizinhança possa sentir o aroma do pão. E asse um novo todos os dias.

PÃO FICA VELHO RÁPIDO.

MEU ATO DE CORAGEM

Fui ao Canadá ver uma apresentação de Robin Sharma, um dos principais palestrantes motivacionais do mundo, autor de *O monge que vendeu sua Ferrari*. É um homem com grande influência em minha vida. Uma das coisas que eu queria fazer em Toronto era visitar a famosa CN Tower, a mais alta do hemisfério ocidental. Eu tinha lido sobre a EdgeWalk, uma caminhada sem corrimão por uma plataforma externa, a 356 metros de altura em torno do eixo da torre, a cuja estrutura metálica o visitante é preso por cabos.

Quando eu era mais novo, lembro-me de ter medo o tempo todo – medo de erguer a mão na sala de aula, de dizer "não" a alguém, de fazer o que queria e de me defender. É claro que eu nunca criava problemas ou fazia bagunça. Além de tudo, eu tinha medo de altura.

Visitei a torre sem ter certeza se faria a EdgeWalk. Disse a mim mesmo que decidiria na hora. Dirigi-me à bilheteria e a moça me sugeriu assistir a um vídeo antes de tomar minha decisão. Aquilo não ajudou muito. O espetáculo era assustador de verdade. Eu vi o vídeo várias vezes e ainda não conseguia me decidir. O medo tinha se tornado parte da minha vida, assim como a dor que o acompanha.

Mas eu estava de saco cheio do medo e de mim mesmo. E, de repente, resolvi arriscar. Fui levado a uma sala onde colocaria o uniforme especial e o equipamento de segurança.

No momento em que meu grupo de três pessoas chegou ao 120º andar, o guia me mandou subir na borda primeiro. Havia um vento infernal e eu estava apavorado. Porém, pouco a pouco, comecei a relaxar e a me sentir mais confortável. Nós ficamos na plataforma por cerca de meia hora e, no fim, acabei me divertindo. Eu não esperava, mas mesmo assim me diverti. Há anos eu devia a mim mesmo esse pequeno ato de coragem. Foi como abrir a cela de uma prisão interna erguida à custa de muito sofrimento e, enfim, escapar para sempre.

Nesse acordo comigo mesmo, eu não voltei atrás. Eu não fugi.

Felizmente, depois de tantos anos, aprendi a não me encolher por causa do medo, mas a avançar, mesmo que os ventos sejam de tempestade lá fora. Por fim, aprendi a lição.

Seu ato de coragem pode ser finalmente ir à academia na qual se inscreveu, ligar para um amigo querido ou talvez terminar aquele projeto que ficou esquecido na gaveta. Talvez seja dar passos na direção da vida que você não tem agora. Não sei o que isso significa para você e não é da minha conta.

Só você sabe do que se trata.

Só você pode fazê-lo.

HOJE. NÃO AMANHÃ.

EU TE AMO

Tenho um amigo chamado Elias, um tipo raro. Ele é um batalhador de verdade que não pensa duas vezes se tiver que recomeçar. Para Elias, nenhum obstáculo é grande demais. Ele faz o tipo forte, reservado. Sua presença já nos enche de orgulho. Nós nos encontramos duas ou três vezes por ano e, nessas poucas oportunidades, compartilhamos tudo de nossa vida. Nos abraçamos, damos boas risadas e gostamos muito de estar juntos. Vibramos com a felicidade um do outro e nos consolamos nos tempos difíceis.

Tentei falar com Elias no dia do aniversário dele. Depois da terceira tentativa, conseguimos, enfim, conversar, e ele se mostrou muito feliz em ouvir minha voz. Às vezes, as emoções podem ser tão fortes que as percebemos do outro lado da linha – os sorrisos, os gestos, a empolgação. Foi assim durante nossa conversa. A ligação não durou mais do que cinco minutos e, mesmo estando sem contato durante seis meses, dissemos e sentimos o necessário. Combinamos que nos encontraríamos em duas semanas. E ele guardou o melhor para o final:

– Ei, Stefanos, eu te amo, cara...

Fiquei atordoado. Não sabia como reagir. Senti um nó na garganta. Não me lembro sequer *se* respondi. Foi como se um tsunami de alegria me engolisse.

É comum não dizermos às pessoas como nos sentimos. Mas

esse é o motivo pelo qual estamos aqui; é o que nos torna humanos. A última coisa que as pessoas presas nas Torres Gêmeas, no 11 de Setembro, fizeram foi ligar para seus entes queridos a fim de lhes dizer quanto os amavam. Essas foram suas últimas palavras.

Temos a tendência de deixar essas palavras para o final. Somos avarentos com elas ou temos medo delas e com frequência não as dizemos todas as vezes que deveríamos. Especialmente nós, homens. Temos medo de parecer vulneráveis ou afetuosos, mas é disso que a vida é feita.

Um homem que perdera o filho num acidente de carro disse, no discurso de despedida:

– Cometemos o erro de acreditar que sempre haverá um amanhã. Acontece que, às vezes, o amanhã nunca vem. E aí nos arrependemos do que deixamos de dizer ou fazer. A última vez que eu disse que amava você, filho, foi quando você me ligou para me desejar feliz aniversário. E eu ainda me lembro – e sempre me lembrarei – como me senti feliz na hora em que você me respondeu "eu também te amo, pai". Depois desse dia, eu nunca mais disse isso.

Portanto, vá lá dizer seu "eu te amo" de hoje, meu amigo. Diga à pessoa a quem precisa dizer e não pense demais no assunto.

A vida é um sopro.
Às vezes, o amanhã nunca vem.

INCRÍVEL!

Eu tinha a mania de falar isso o tempo todo, quando ia descrever uma coisa da qual eu gostasse. Era mais um hábito, algo que eu dizia por ter ouvido os outros dizerem:
– Incrível!

A primeira vez que fui à oficina do meu mentor, Antoni, percebi que ninguém usava palavras como "incrível" ou "espantoso". Era como se fossem proibidas. Diziam, em vez disso, coisas como "excelente", "esplêndido" e "maravilhoso". Mesmo assim, mantive o velho hábito: "incrível isso", "incrível aquilo".

A certa altura, um amigo me puxou de lado e me contou um segredo.

– A gente não usa palavras assim – ele me informou com a discrição necessária para não me ofender e com firmeza suficiente para que eu não me esquecesse.

– Por que não?

– A palavra "incrível" vem de não ser crível, impossível de acreditar. Algo "espantoso" é aquilo que assusta. Nós evitamos o uso de palavras negativas para descrever algo positivo – ele me explicou. – Se você plantar um punhado de sementes, gostaria que elas estivessem infestadas de parasitas?

– Não.

Captei a mensagem. As palavras moldam nossa vida. Portanto, use-as com sabedoria. As palavras e a vida são como o ovo e a galinha: sua vida molda as palavras que você usa, e as palavras que você usa moldam sua vida.

Sua vida inteira pode mudar se você alterar apenas uma palavra no vocabulário.

Se alguém lhe perguntar como anda a sua vida, não responda "uma loucura".

DIGA ALGO POSITIVO.

SIGALAS E OSEOLA

Eu sigo cada palavra dele. Sua sabedoria singular e sua tranquilidade me fazem querer absorver tudo. Mohammed é de Alexandria, no Egito, e, aos 80 anos, é meu treinador no squash e na vida. Adoro suas histórias. Ele jogava basquete na universidade e sempre teve um verdadeiro senso esportivo, que transmitia a mim e a outros jogadores. Ele me falou dos patrocinadores do time grego no qual jogava em Alexandria. Os jogadores tinham ouvido falar do patrocinador, um certo Sr. Sigalas, mas nunca o tinham visto. Presumiram que se tratava de um ricaço grego. Certo dia, o homem apareceu no treino no momento em que os jogadores estavam deixando a quadra. Parecia uma pessoa simples, humilde. Um dos rapazes perguntou ao treinador o que o Sr. Sigalas fazia da vida.

– Ele é funcionário dos correios – respondeu o treinador.

Sigalas havia economizado e guardado dinheiro a fim de ajudar os jogadores da equipe de basquete.

Riqueza não é ter. Riqueza é compartilhar.

Compartilhar é maravilhoso. E é a única maneira de ser feliz. Compartilhe alguma coisa aonde quer que vá: uma flor, um livro, um abraço, uma palavra gentil, um desejo. Faça do mundo um lugar melhor do que encontrou.

Viemos a esse mundo para compartilhar, ajudar e amar. No leito de morte, você não vai pensar em quanto dinheiro ganhou, mas no amor que deu e recebeu. Essa é a única coisa que importa.

※

Havia uma mulher no Mississippi chamada Oseola MacCarty. Ninguém sabia muita coisa a seu respeito. Todavia, ela ficou famosa mundo afora e recebeu de Bill Clinton a Medalha Presidencial de Cidadania. Lavadeira afro-americana, Oseola não teve filhos e trabalhou duro, guardando seu suado dinheiro em uma conta bancária. Certo dia, ela foi ao banco. O gerente lhe disse:
– A senhora gostaria de saber quanto tem na conta, Sra. MacCarty?
– Quanto?
– Duzentos e cinquenta mil dólares! A senhora é rica – disse ele.
Oseola não fazia ideia de quanto aquilo significava. Na tentativa de ajudá-la a entender, o gerente colocou dez moedas de 10 centavos sobre a mesa.
– Vamos supor que este seja o dinheiro que a senhora guardou. Como a senhora gostaria de distribuí-lo?
Ela pensou por um instante e disse:
– Uma moeda para a Igreja, uma para cada um dos meus três sobrinhos. E vou pensar nas outras seis.
Alguns dias depois, Oseola entrou na Universidade do Sul do Mississippi a fim de se encontrar com o reitor. Ela lhe entregou um cheque de 150 mil dólares.
– Isso é para os jovens negros que querem fazer faculdade, mas não podem pagar – disse ela.
E deu um sorriso.

É PARA ISSO QUE VOCÊ ESTÁ AQUI.

RECEITA DE ESPAGUETE

Primeiro, você precisa de água. Água é tudo. Ela compõe até 60% do nosso corpo. Ajuda no bombeamento do coração, na limpeza dos órgãos, contribui para a perda de peso e hidrata a pele. É considerada também o combustível do cérebro. Fiquei impressionado ao descobrir que beber água pode aumentar em até 30% a eficiência cerebral. Desde que fiquei sabendo disso, faço questão de beber bastante água. Quanto à preparação do espaguete, pouca água faz a massa grudar na panela e a ausência de água leva a uma panela queimada.

Depois, é preciso um pouco de sal. Sem sal, seu espaguete não terá gosto de nada. O sal da vida se chama dopamina e é o principal ingrediente da felicidade. Ela proporciona às pessoas uma sensação de alegria e euforia, trazendo bem-estar físico e mental. Onde se encontra? Em cada boa ação, até naquelas consideradas banais, como recolher um papel do chão, abrir a porta para um estranho, pagar uma bebida para um amigo, surpreender sua família ou ajudar quem precisa. Ao compartilhar ou fazer a coisa certa, seu corpo secreta dopamina aos montes. Portanto, não encha o saco dos bons samaritanos. Eles é que são espertos. Priorizar os próprios interesses é fácil, mas custa mais do que se pensa. Custa felicidade.

E não se esqueça de acrescentar um pouco de manteiga ao seu macarrão. A vida precisa de um pouco de manteiga. Chama-se endorfina e está disponível nos esportes e nos exercícios. Ela impulsiona a neuroplasticidade do cérebro, bem como as habilidades de aprender, de reter informações e de tomar decisões. As endorfinas são consideradas antidepressivos naturais, um barato natural.

Se quiser acrescentar almôndegas ao espaguete, não se esqueça de tirar a carne da geladeira bem antes.

Planeje com antecedência, como qualquer bom cozinheiro faz ao preparar um prato.

Mas parece que estamos nos esquecendo de um ingrediente básico: o espaguete! Na vida, ele se chama atitude e é o ingrediente principal. Ouço as pessoas falando, julgando, reclamando, e vejo poucos que, de fato, tomam uma atitude. Vejo muitos trocando sonhos por migalhas. É verdade que o sofá é confortável, mas conforto demais pode matar você e seus sonhos. Atitude é se levantar cedo e organizar o dia. Atitude é fazer o melhor no trabalho, mesmo ganhando pouco. Atitude é fazer alguma coisa, em vez de reclamar. Por isso, pare de falar e tome uma atitude.

Só depende de você. Se lhe disseram que o cozinheiro não tem qualquer controle sobre a receita, você foi enganado.

※

Um fazendeiro estava tomando sol no jardim. A esposa se aproximou e perguntou o que ele estava fazendo.
– Esperando a plantação crescer – respondeu ele.
– Mas você ainda não arou a terra nem jogou as sementes – replicou ela.
– Não se preocupe – disse ele. – As plantas vão crescer.

A MAIORIA DE NÓS PENSA COMO O FAZENDEIRO. ACHA QUE AS COISAS ACONTECEM SOZINHAS.

TANTO FAZ...

Eu estava em uma das duas filas do caixa. Um jovem bem-humorado se encontrava na frente da outra fila. Ele e o caixa batiam um papo animado. Em algum momento, devo ter perdido parte da conversa, porque, depois que o caixa disse alguma coisa, ouvi o rapaz resmungar, desapontado:

– Tanto faz...

Foi como se, de repente, ele tivesse se transformado em outra pessoa. A voz ficou monótona e sem vida. Até a postura mudou: ombros curvados à frente, cabeça baixa, mãos nos bolsos. De uma hora para a outra, ele se transformou numa alma sofrida.

Eu fiquei contrariado. Reconheci no rapaz o que muitos de nós fazemos, embora sem intenção. Não nos damos conta do que estamos fazendo nem do mal que aquilo pode nos causar.

Refiro-me ao mal do desânimo e eu não o desejaria ao pior inimigo. Os sintomas são frases como "Não posso fazer nada", "Quem se importa?", "Tanto faz", "Grande coisa", "Estou pouco me lixando". E esses sintomas vão sugar sua energia, seu otimismo, seu espírito e seus sonhos. Vão sugar sua vida.

Alguns pequenos lapsos de controle na rotina, que parecem pequenos, podem levar a um desastre a longo prazo. Você fuma um cigarro (um cigarrinho não vai me matar). Come porcaria (que mal há num saco de salgadinhos?). Enrosca-se na frente da TV (eu mereço relaxar, certo?). Dieta? (Começo na segunda-feira.) Ler? (Não tenho tempo.) Conversar com meu filho? (Amanhã.) Meu projeto dos sonhos? (Primeiro, vamos atravessar a recessão.) Existe todo tipo de doença por aí. Uma coisa é certa: quem não se cuida, adoece.

Jamais saberei o que o caixa disse para fazer aquele rapaz murchar. Só sei de uma coisa: com um "tanto faz" por dia, não existe vida saudável.

Certa vez, li uma coisa brilhante:

Definição de inferno:
Em seu último dia na Terra,
você se encontra com a pessoa
que poderia ter sido.

PORTANTO, AFASTE-SE DO "TANTO FAZ".

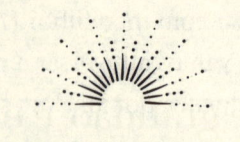

LAR, DOCE LAR

Ele estava nadando devagar, um pouco adiante na praia. Era evidente que estava curtindo o momento, como se tivesse pendurado uma plaquinha de "Não perturbe" na porta. Mesmo assim, decidi iniciar uma conversa.

– Bom dia! – cumprimentei.

– Bom dia! – respondeu ele, surpreso, como se tivesse despertado de um transe.

Em seguida, contudo, ele começou a me contar sua história.

– Também sou grego, mas moro na Rússia. Precisei sair do país para trabalhar e sustentar minha família. Todos os anos, a gente vem passar um mês de férias. Eu nado aqui de manhã, à tarde e à noite. Estamos aqui há 20 dias, faltam dez. Eu conto um por um. Lá também tem mar, o mar Negro, mas não tem comparação. Isso aqui é o paraíso: sol, água cristalina, clima quente...

E, então, ele disse uma coisa de que nunca vou me esquecer:

– Ah, Grécia! Lar, doce lar!

Seus olhos se encheram de lágrimas. E os meus também.

Quantas coisas deixamos de valorizar... nosso lar, nossa família, nossos amigos, nossa saúde. E, então, se surge algum obstáculo, como é inevitável que aconteça, olhamos para o passado, no tempo em que éramos mais saudáveis e felizes e não sabíamos. Aí nos sentimos felizes por um tempo e, depois, nos esquecemos de tudo outra vez.

Por que não nos sentimos mais gratos pelo que temos no presente?

O nome disso é gratidão, e é provável que seja a forma de transformação mais poderosa de sua vida.

※

Havia um fazendeiro pobre que vivia com a esposa e os seis filhos numa casa pequenina. Um dia, ele visita o conselheiro da vila.
– Oh, Conselheiro, não há espaço suficiente em nossa casa.
O conselheiro pensa um pouco.
– Vocês têm um cachorro? – pergunta ele ao pai de família.
– Sim.
– Mantenha o cachorro dentro de casa.
– Mas, Conselheiro, a gente mal cabe lá dentro.
– Faça o que eu digo e volte aqui na semana que vem.
Na data combinada, o pai de família volta a visitar o conselheiro.
– E então?
– Ficou ainda pior. O cachorro manteve todo mundo acordado a noite inteira.
– Vocês têm uma cabra?
– Sim.
– Coloque a cabra dentro de casa também.
– Mas, Conselheiro...
– Faça o que eu digo.
Na semana seguinte, o homem retorna.
– E então?
– Terrível! Agora o cachorro briga com a cabra.
– Vocês têm uma vaca?
– Sim.

– Mantenha a vaca dentro de casa.
– Mas...
– Faça o que eu digo.
Na semana seguinte, o homem retorna.
– E então?
– Não poderia ser pior. Todos os bichos brigam, a vaca muge feito louca, as crianças não conseguem dormir...
– Agora, faça o seguinte: ponha todos os animais de volta no celeiro, de modo que fiquem só vocês oito.
Uma semana depois, o homem retorna.
– E então?
– Perfeito! Não poderia ser melhor! – diz o pai de família, todo entusiasmado.
– Que bom – diz o conselheiro.

E AGORA, VOCÊ ESTÁ SATISFEITO COM O ESPAÇO QUE TEM?

PEGUE A BOLA

Ao telefone, ela pareceu agitada. No início, fiquei preocupado, porque ela costuma falar com tranquilidade. Então ela me contou o que aconteceu:

– Outro dia, telefonei para minha melhor amiga. Ela estava péssima, pior que nunca, e achei que eu deveria ir vê-la. "Qual o problema, querida?", perguntei. "Estou na pior." "Eu vou até aí." "Não, não precisa."

Na mesma hora, minha amiga correu e foi ver a amiga, que estava sem emprego havia muito tempo e cujas finanças tinham virado um caos. Ela e o marido não conseguiam mais sustentar a família. Ela estava no fundo do poço.

Enquanto consolava a amiga, seu celular tocou.

– Eu pensei em deixar tocar, Stefanos – disse ela –, porque era uma hora muito ruim. Acontece que alguma coisa dentro de mim me fez atender. Era meu amigo, Vasilis, que tinha acabado de conseguir um ótimo emprego na empresa X, que opera no mesmo ramo de minha amiga arrasada. Ela é ótima no que faz, aliás. E adivinha? A empresa X estava contratando! E adivinha quem tinha acabado de assumir o setor de Recursos Humanos? Meu amigo Vasilis! Além disso, ele me deve um favor. Pura sorte ou o quê?

Eles conseguiram agendar uma entrevista para a amiga na mesma hora. Tudo acontece com um propósito. Chamamos de sorte ou coincidência, mas não é. Há razão e hora para tudo.

Chame de plano, se quiser. Uma discussão, um telefonema ou uma conversa acontece em um determinado momento para lhe dizer alguma coisa. São como os passes perfeitos que o Time dos Sonhos faz. De vez em quando, você vai receber passes assim. Portanto, não deixe a bola escapar nem fique com ela por tempo demais. Dê outro passe, como fez minha amiga. Atenda aquele telefonema, marque aquele encontro, vá visitar aquela pessoa.

Em algum lugar dentro de nós há uma voz que sempre sabe o que fazer. Aprenda a ouvi-la.

※

Um homem muito religioso naufragou numa ilha deserta. Certo dia, um navio se aproxima.
– Devemos salvá-lo?
– Não, Deus vai me salvar.
Algum tempo depois, outro navio se aproxima.
– Devemos salvá-lo, senhor?
– Não, Deus vai me salvar – responde ele outra vez.
Um dia, um helicóptero sobrevoa a ilha, aterrissa e o piloto se aproxima.
– Devo salvá-lo? – pergunta.
– Não, Deus vai me salvar. Ele não vai se esquecer de mim.
Passado algum tempo, nosso amigo chega aos portões do Céu.
– Por que, Deus amado, o Senhor se esqueceu de mim? Eu fiquei esperando que o Senhor me salvasse – lamenta.

– EU ENVIEI *TRÊS* SALVADORES, SEU TOLO!

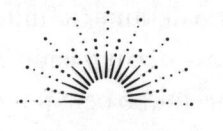

ÁGUA COM GÁS

Há anos, sou fissurado em água com gás. Minhas filhas a chamam de "bolhas". Água com gás sacia a sede e refresca. Nós tomamos um monte.

Contudo, há um probleminha: é comum faltar água com gás nas lojas. Sempre que encontro esse item no supermercado, faço um estoque. Felizmente, achei um mercadinho que sempre tem um pouco disponível.

Fui até lá devolver as garrafas vazias e comprar mais três caixas: 36 garrafas no total. Combinamos um horário para a entrega; eles são sempre pontuais.

Quando a campainha tocou às quatro da tarde, tive certeza de que era o entregador. Pude ouvi-lo do lado de fora do prédio, descarregando as caixas – estamos falando de 36 litros! Desço até a entrada e abro a porta. Vejo um jovem de óculos escuros, por volta dos 30 anos, começando a ficar calvo, barbudo, uma combinação da moda nos últimos tempos. Está suado, cansado e irritado, o tipo de gente com quem você não quer encrenca. Ele é rude.

– Tem elevador? – Ele não quer ouvir a palavra "não".

– Sim. Terceiro andar.

Ele ergue as caixas.

– Onde o senhor quer que eu coloque?

Mostro o lugar. O homem está exausto e sem fôlego.

Eu tinha informado que pagaria no cartão. Já estou com ele na mão, junto com a gorjeta de dois euros. Eu ia dar dois e cinquenta, porém o modo grosseiro dele me fez mudar de ideia.

– Vou precisar voltar – diz, tentando esconder a frustração.

– Por quê? – Eu sabia muito bem por quê.

– Esqueci a máquina do cartão. – A essa altura, a voz não passa de um arquejo.

Ele se vira para sair, cabisbaixo. Algo me diz que devo pará-lo.

– Posso pagar em dinheiro – digo.

– Pode ser? – pergunta, surpreso.

– Claro que sim.

Ficamos os dois felizes. Ele me entrega o recibo de 35,40 euros. Eu lhe passo uma cédula de 50. Ele separa 14,60 de troco. Pego uma cédula de 10 euros da mão dele.

– Fique com o troco.

Ele mal pode acreditar. Bom demais para ser verdade. E então, seu rosto se ilumina e ele sorri de orelha a orelha, como se tivesse acabado de ganhar na loteria bem no momento em que estava prestes a ficar sem um centavo.

– Obrigado – diz ele. – Obrigado!

– Quer um copo de água, cara?

– Não, não, obrigado.

– Obrigado – eu digo.

– Não, *eu* que agradeço.

Ele entra no elevador e me direciona o olhar mais gentil de que tenho lembrança: a cabeça inclinada, pálpebras relaxadas, a mão direita tocando de leve o coração. Ele sorri dos pés à cabeça.

A porta do elevador se fecha, mas o olhar dele fica comigo.

Acabo de fazer alguém ganhar o dia. Fecho a porta da frente. Estou sozinho, com os olhos lacrimejando de gratidão. Talvez eu seja o homem mais feliz do planeta nesse momento.

Obrigado.

OBRIGADO.

FECHE AS JANELAS

Ela é minha homeopata. De vez em quando, é minha psicanalista e, às vezes, minha professora. Sempre que me encontro com ela, sinto-me mais sábio. Este incidente aconteceu tempos atrás. Eu estava estressado e enfrentando vários sintomas. Mil coisas passavam pela minha cabeça. Ela me olhou com um sorriso compreensivo, como sempre. Virando o laptop na minha direção, começou a abrir janelas na tela – janelas sem fim. No início, não entendi o que estava fazendo. Em determinado momento, a tela travou. Ficamos os dois sentados, olhando aquilo.

– O que faz você pensar que é diferente com o cérebro? – perguntou-me. – Abrimos uma janela atrás da outra até chegar um momento em que a coisa colapsa. Achamos que podemos fazer tudo, que somos super-humanos. Estamos enganados.

Jamais me esquecerei dessas palavras.

Vivemos uma era multitarefa. Porém, se tentamos fazer tudo ao mesmo tempo, no fim conseguimos fazer muito pouco. Fazemos um monte de serviço malfeito, por assim dizer.

Às vezes, penso que regredimos no mesmo ritmo com que a tecnologia avança. Estamos aqui, mas não estamos presentes.

O melhor presente que você pode dar a quem está perto de você é sua presença.

Se estiver presente, esteja de verdade. Não se divida. Melhor passar dez minutos de verdade com alguém do que uma hora distraído o tempo todo. E isso serve para todos e tudo: seu filho, seu parceiro ou parceira, seu amigo, seu trabalho, sua escrita, seu livro, seus pensamentos – qualquer coisa que escolha fazer. Não há mais nada naquele momento, nada mais existe. Viva só em função daquilo e devote todo o seu ser. Tenha foco. Só assim estará presente, só assim honrará o que estiver fazendo, só assim honrará a vida. E a si mesmo.

    Os gregos têm um ditado para isso: não se pode carregar duas melancias debaixo de um braço.

    Hoje em dia, costumam chamar isso de monotarefa. De tempos em tempos, acho que redescobrimos velhos e sábios adágios e os reformulamos com uma aparência moderna.

SR. IOANNIDIS

EU O VENERAVA. Tenho essa coisa com os mais velhos: respeito pela sabedoria desses heróis silenciosos em nossa vida. Eles merecem ser homenageados por tudo que fizeram.

Sr. Ioannidis – era assim que eu o chamava – foi meu colega de trabalho na Sky TV. Ele me ajudava nas questões profissionais e na vida. Era como se ele sorvesse a própria essência da existência. O Sr. Nikos Ioannidis era um cosmopolita dinâmico, um homem de classe. Também era um homem cheio de emoções e não tinha medo de demonstrá-las, sempre sorrindo e deixando sua marca por onde passasse, junto com o aroma de sua colônia.

Tratava sempre com os grandes clientes. Sendo mais preciso, ele pegava clientes pequenos e os transformava em grandes clientes de um jeito próprio, especial. Dentre suas muitas ferramentas estavam persuasão e sinceridade, lógica e argumentos sólidos, empatia e sentimento, confiança e atenção. Era uma pessoa única, os clientes o adoravam.

Tinha verdadeira paixão por música. Reunia dezenas de milhares de arquivos em sua coleção digital e era mais aficionado ao aplicativo do que um adolescente. Adorava criar as próprias playlists e distribuí-las como presentes, com canções que iam de Aznavour a Zappa.

Nunca deixou de trabalhar, mesmo depois de aposentado. Todos os meses, ele passava pelo meu escritório a fim de bater papo e, uma vez lá, todo mundo enfiava a cabeça na porta para dizer oi, na esperança de, quem sabe, absorver um pouco daquele entusiasmo pela vida.

Alguns anos atrás, sua amada esposa, Nana, me ligou. A voz tremia quando atendi.

– Stefanos, Nikos faleceu... – Ela caiu no choro, assim como eu.

Nós nos despedimos dele em um cemitério bucólico, numa tarde ensolarada de inverno. Como se despedir de alguém tão cheio de vida? Eis como: não com lágrimas, mas com sorrisos. Bebericando um café na lanchonete, depois do funeral, fomos todos tomados por velhas lembranças dos tempos que passamos com Nikos Ioannidis. E demos boas gargalhadas – sem um pingo de decoro. Até mesmo a esposa se juntou a nós. Celebramos a vida de Nikos; talvez esse tenha sido o dia mais bonito que passei com ele.

Prometi a Nana que manteria contato e isso a deixou muito feliz. Entretanto nunca o fiz.

Um dia desses, o filho do Sr. Ioannidis, Yorgos, me ligou.

– Como vai, Yorgos? Como estão as crianças? Que bom falar com você!

– Estamos bem, Stefanos. Mas não tenho boas notícias. Mamãe faleceu ontem. Fui até a casa dela e descobri que tinha partido durante o sono.

Fiquei ali, segurando o telefone.

– Stefanos, você está aí?

– Ela foi se juntar ao seu pai, Yorgos – consegui dizer.

– Sim, Stefanos. Isso mesmo. O funeral será amanhã, às três da tarde. No mesmo lugar onde enterramos papai.

Nunca mais verei Nana. Portanto, não adie as coisas, meu amigo.

Às vezes, simplesmente não há amanhã.

CUIDE-SE

NOITE DE DOMINGO. Dei minha corrida, escrevi no meu diário e decidi ver um bom filme num cinema ao ar livre.
No entanto, não tinha muito tempo para uma chuveirada depois da corrida. Talvez eu só troque de roupa, penso. Mas isso não me parece uma boa ideia, então reconsidero. Tomo uma decisão rápida e corro para o chuveiro. Livro-me do suor, me seco bem e me olho no espelho. Estou apresentável.
Depois, as roupas. No cabide, estão a bermuda e a camiseta que eu tinha usado pela manhã, um pouco amassadas, porém limpas. Decido vesti-las, mas mudo de ideia. Embora eu esteja em cima da hora, abro a gaveta e pego uma bermuda recém-passada. Sinto-me bem. Pego uma camisa nova e limpinha no armário. As duas peças são bonitas e, juntas, ficam ainda melhores.
Em seguida, os sapatos. Meus tênis de corrida estão ao lado da porta. Não me contento com eles, tampouco. Pego um par de sair. Volto a me olhar no espelho. Ótimo. Acontece que estamos no finzinho do verão, em setembro. E se estiver um pouco frio? Levo um suéter, só para garantir. Ponho uma cédula de 20 euros no bolso de trás e estou pronto.
Mas mudo de ideia outra vez. Troco por uma de 50. E se eu quiser dar uma volta depois do filme? Não é melhor ter algum dinheiro? Entro no carro e vou embora. Dou uma olhada no espelho, estou bonito.

Chego ao cinema cinco minutos antes de o filme começar. Compro uma bebida, procuro um bom lugar e curto os trailers. Não poderia estar mais feliz.

Cuidar-se é fundamental. Faz com que você se sinta bem, até mesmo importante. Faz com que você sinta que merece tudo isso.

Ao se cuidar, a pessoa mais importante em sua vida – você – está lhe honrando. E isso não tem preço.

Temos o hábito de nos contentarmos com as sobras da vida. Eu fazia isso o tempo todo. Em outros tempos, eu nunca reclamava, nunca dizia uma palavra. Hoje em dia, sei como me sinto bem quando me cuido, quando mostro a mim mesmo quanto me respeito e me amo. Minha alma flutua.

O filme era excelente. No intervalo, fui ao banheiro. Um distinto senhor de meia-idade também estava lá. Saí do reservado primeiro e me dirigi à pia da direita. Em seguida, o homem saiu, e eu passei a usar a outra pia a fim de facilitar as coisas para ele. Eu sorri, ele me devolveu o sorriso e me agradeceu.

– O filme é bom – comento.
– Muito bom – concorda ele.
– Cuide-se – digo, a caminho da saída.
– Você também – diz ele.

SIM, CUIDE-SE.

BULLYING

ALGUNS PAIS ME LEVAM À LOUCURA. Essas pessoas sempre me deram nos nervos, mas, depois que tive filhos, elas começaram a me tirar do sério de verdade.

Alguns pais decidem viver por meio dos filhos. Apesar de manipular a prole da pior maneira, eles se consideram – e outros como eles – pais excelentes. Não respeitam os filhos porque, em essência, não se respeitam. Eles os atemorizam porque não têm coragem de encarar os próprios medos. Em vez de reavaliar a própria vida, passam o dia servindo de motorista, levando os filhos a aulas de balé, natação, karatê e a quadras esportivas. Na verdade, são eles que escolhem as atividades dos filhos e se zangam se os filhos não gostam. Chegam a selecionar as roupas que as crianças usam, as matérias que deveriam gostar, como deveriam se sentir, os relacionamentos que deveriam cultivar, a carreira que vão seguir e, por fim, a vida que vão levar – se é que os coitados podem chamar isso de vida.

Escolhem os amigos dos filhos com base nos pais com os quais eles mesmos simpatizam. Selecionam a comida, as festas; decidem até a que temperatura eles devem sentir frio. Se os filhos tentam desesperadamente comunicar os sentimentos mais profundos, esses pais prestam pouca ou nenhuma atenção. Em vez disso, lançam mão de um vasto vocabulário para fazer os filhos calarem a boca.

Depois que os filhos crescem e fazem 40 anos, os pais continuam o tormento, como se eles ainda tivessem 4 anos. Com poucas exceções, essas "crianças" não conseguem se virar sozinhas nem aos 50. Se e quando se derem conta de como os pais eram tóxicos, estarão cheios de ressentimento, e seus pais vão se perguntar por quê. Por quê? Porque eles precisam ter a chance de viver a própria vida.

Mas eu saio mesmo do sério quando um desses pais – sim, esses que estragam os filhos 24 horas por dia – entra em pânico porque outra criança, supõe-se, praticou bullying com seu queridinho precioso. Se outra criança chuta seu filho na hora do recreio, esse pai ou mãe se enfurece e começa a culpar professores, a escola, outros pais, as autoridades. É impossível essa pessoa aceitar que o bullying mais destrutivo é o próprio comportamento dela em relação aos filhos.

Ouvi um educador excepcional sugerir, em uma de suas palestras, que deveríamos tratar nossos filhos de igual para igual. Mas é preciso coragem na hora de abandonar aquilo que parece a solução mais fácil, ou seja, dominar ou – pior ainda – viver por meio dos filhos.

As crianças precisam de pais que lhes mostrem a estrada, não que percorram o caminho com eles.

Ou, pelo menos, pais que não os pressionem a tomar a rota "preferível".

As crianças precisam de pais que as apoiem em suas decisões, mesmo se não concordarem com elas. O poeta Khalil Gibran, com sabedoria, escreveu:

"Seus filhos não são seus. (...)
Eles nascem por seu intermédio, não de você,
E, embora estejam com você, não lhe pertencem.

Você pode lhes dar amor, não seus pensamentos,
Pois eles têm os deles." (Em *O Profeta*, Knopf, 1923)

Na famosa cena do filme *Filadélfia*, um pouco antes do julgamento, o personagem de Tom Hanks, Andrew Beckett, conversa com os pais sobre os momentos difíceis que virão no tribunal:
– Nada que eles digam diminuirá o orgulho que tenho de você – diz o pai.
– Não quero que nenhum de meus filhos seja tratado com injustiça – diz a mãe, cheia de orgulho.
– Amo vocês – responde Andrew, com lágrimas nos olhos.

É ESSE TIPO DE PAI E MÃE QUE A GENTE QUER.

DEIXE UMA
PORTA ABERTA

Eu estava em meio à escrita deste livro quando o celular vibrou. Era uma mensagem de vídeo da minha filha. Ela estava com a mãe, tomando conta da priminha, e me enviou a letra de uma música com a qual eu a ninava na época em que ela era bebê. Ela ficava me olhando com os olhos arregalados enquanto eu cantava. Pouco depois, os olhinhos começavam a se fechar e ela segurava com força minha mão sobre a barriga dela. Sempre será nossa canção, até o fim...

Agora, aos 9 anos, ela redescobriu a canção. Não vejo mais minhas filhas todos os dias. Ainda assim, elas moram num lugar especial, no fundo do meu coração. Não importa quanto cresçam, quanto eu envelheça, onde estiverem, onde eu estiver...

Leio a letra e me lembro daqueles momentos mágicos em que eu cantava para ela e sinto uma coisa se agitar dentro de mim, algo muito forte. Meus olhos se enchem de lágrimas e eu consigo sentir o que minha filhinha sentiu quando leu a canção. *Meu pai cantava isso para mim e agora eu vou mandar a canção de volta para ele.* Sei como ela se sentiu ansiosa para que eu lesse. Por um instante, eu me torno ela.

Eu me entrego ao sentimento e deixo que ele me domine. Eu o saboreio. Torno-me o que sinto e o deixo atravessar meu corpo, sem barreiras, sem placas dizendo aonde ir, sem limites de velocidade. Sei que nunca voltarei a sentir essa mesma emoção.

Nem sempre foi assim. Eu costumava ocultar meus sentimentos. Ficava constrangido.

Nós, homens, fomos amaldiçoados desde o nascimento.
Nos disseram que homens não choram. Que são fortes.
Ora, dá um tempo!

Felizmente, agora sei que a vulnerabilidade nos torna fortes. Vulnerabilidade é chorar, se curvar diante da pressão e, às vezes, se sentir incapaz de lidar com ela.

No passado, minha avó nunca trancava a porta de casa e, às vezes, chegava a deixá-la aberta.
Os amigos entravam, o vento entrava, a vida entrava.
E foi assim que decidi viver minha vida: com a porta aberta, de modo que o sol possa entrar.
Para me acordar.
Para me aquecer.

FIQUE BEM, MINHA DOCE MENININHA.

O LADRÃO

Algumas pessoas têm medo de ladrão. Temem que roubem seu dinheiro, a casa ou que levem seus filhos.

Mas existe outro tipo de ladrão que é mais sorrateiro e bem mais perigoso: o que vive dentro da gente. Esse é profissional. Ele nos rouba todos os dias sem fazer qualquer barulho. Rouba nossos sonhos, nosso otimismo, nossa alegria, inspiração, disciplina e energia. Rouba a vida em si.

Mas nós nos misturamos a esse ladrão e não percebemos sua presença. É como o cupim, escondido no interior das vigas de madeira, comendo tudo, devagar e sempre.

Há uma história que ouvi, da Índia. Um velho conversava com o neto:

– Há dois lobos dentro de você – disse ele ao menino. – Um deles é mau. É a raiva, a inveja, a tristeza, a decepção, a ganância, o sarcasmo, a autopiedade, a agressividade, a baixa autoestima, a inferioridade, a vaidade, a arrogância e o egoísmo. O outro é bom. É a alegria, o amor, a esperança, a paz, a serenidade, a humildade, a gentileza, a caridade, a empatia, a generosidade e a fé em Deus.

O menino, que estava prestando bastante atenção, enfim perguntou ao avô:

– E quem vence?

O velho pensou por um momento e respondeu:

– Aquele que você mais alimentar.

Cada lobo tem sua comida favorita. O lobo mau gosta muito de TV, de perder tempo nas redes sociais, de meter o bedelho na vida dos outros, de criticar, de fofocar, de lamentar, de mentir, de comer bobagem, de ficar acordado até tarde, de não correr riscos, de ficar sem fazer nada, de pessoas tóxicas, rotina, ressentimento, preconceito e indiferença. O lobo bom se alimenta de amor, verdade, gentileza, gratidão, amor-próprio, foco, atitude, desenvolvimento constante, responsabilidade, organização, de praticar exercícios, de beber muita água, de se sentar com as costas eretas, de se levantar cedo e de trabalhar duro.

Alimentar o lobo mau e esperar que ele não cresça é como comer bolo e esperar perder peso.

Sempre mantenha o lobo bom bem alimentado. Ele espanta os ladrões.

ESSA É SUA TAREFA.

A SALVA-VIDAS

Magra, elegante e com uma tiara larga. Era impossível não notar sua presença. Sua autoconfiança, porém, beirava a arrogância.

Era o último dia no hotel e nós já devíamos ter saído, caso pretendêssemos fazer o check-out na hora certa. Como não sou muito eficiente em pegar pesado com minhas filhas – e elas sabem muito bem disso –, a mais velha conseguiu dar um jeito de dar mais umas escorregadas no tobogã.

A salva-vidas bonita estava em serviço. Passava a maior parte do tempo batendo papo com um colega. Enquanto minha filha descia o tobogã, a moça não parava de ajustar a tiara, arrumando fios de cabelo soltos, se enfeitando toda. A vaidade parecia sem limites, como se ela fosse um presente de Deus para o mundo. Por alguma razão, quanto mais ela se arrumava, mais irritado eu ficava.

Minha filha mais velha estava descendo o tobogã pela última vez e a caçula estava esticando o pescoço, tentando ver a irmã, sem sucesso. De alguma maneira, a salva-vidas percebeu o que a pequena queria. Num gesto rápido, ela se debruçou, a pegou nos braços com gentileza e, em segurança, a pôs na plataforma, de modo que ela conseguisse ver. Por um momento, fiquei surpreso, assim como a caçula, que não demonstrou muito, pois estava concentrada na irmã. Depois que a mais velha desceu, a pequena abriu um sorriso de gratidão para a salva-vidas, que lhe deu um abraço carinhoso e, sem pressa, a ajudou a sair da plataforma. Minha filha ficou olhando para ela, feliz e impressionada. A bela salva-vidas se virou para mim e sorriu com discrição. Retribuí o sorriso. O cansaço de um dia longo desapareceu de imediato. Fiquei ao lado da piscina, rindo de mim mesmo. Depois, reuni as meninas e fomos embora.

Eu me lembrei de um ditado que tinha lido recentemente:

Não me julgue por meu pecado
ser diferente do seu.

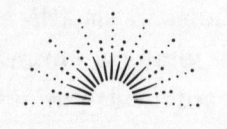

O BATERISTA

Eu já o tinha visto. Sempre de preto, com óculos de sol apoiados numa cabeleira bem convencional para um baterista. No entanto, eu nunca o tinha visto desse jeito. Hoje ele roubou meu coração e minha mente. Nos três minutos em que apresentou seu solo, eu habitei outro plano – não sei onde estava, mas, com certeza, era ao lado dele.

Era uma apresentação na escola e os pais foram convidados a apreciar os músicos. Ele subiu ao palco silencioso como um gato. Começou a tocar e a bateria foi ficando cada vez mais alta e intensa. Naqueles três minutos mágicos, o cara fixou o olhar em algum ponto distante – não sei onde, mas sei que ele estava experimentando algum tipo de êxtase. Uma parte dele estava lá, a outra, conosco. Ele se dividiu em dois e, depois, tornou-se único outra vez – um Único extraordinário.

O final foi se aproximando e, com ele, o clímax. Depois do fim, aplaudimos com vigor. No entanto, o cara nem estava ouvindo. Mantinha o olhar fixo no próprio êxtase, como se algo dentro dele estivesse dizendo "Estou pronto, venha me buscar se quiser".

Algumas pessoas não sabem viver de outra forma. Todas as suas emoções são muito intensas. Ficam felizes por experimentar tanto a alegria quanto a dor, pois sabem que na vida é preciso conhecer a dor. Pessoas assim sabem que cairão e serão capazes de se reerguer. Sabem como dar tudo que têm, mesmo que tenham pouco a oferecer.

Não conseguem levar a vida no meio-termo. Não têm medo de perder nada, porque têm dentro delas tudo de que precisam. Não vieram aqui a passeio, e sim com o intuito de dar tudo de si. Estão prontas para morrer lutando por suas paixões. Doam-se por inteiro no palco, olhando por um microscópio ou escrevendo um manuscrito. A paixão é a vida delas.

Uma vida sem paixão não vale a pena.

DESCUBRA SUA PAIXÃO NA VIDA.

FALE SOZINHO

Na infância, eu detestava alcachofra. Hoje em dia, é minha comida favorita. Por isso, decidi que deveria trazer outras novidades para minha vida – quem sabe qual será a próxima coisa favorita.

Se, tempos atrás, alguém me dissesse para conversar comigo mesmo, eu teria rido na cara da pessoa. No entanto, eis uma coisa que é preciso experimentar! A primeira vez que li sobre afirmações foi num livro de Louise Hay. Uma afirmação é tudo que você diz a si mesmo, em voz alta ou não, mesmo que não perceba que está dizendo. Todos os dias, o cérebro tem 40 mil pensamentos, um a cada dois segundos. A maior parte deles é subconsciente e eles costumam ser negativos. Uma criança de 10 anos já foi exposta a milhares de horas de bronca, seja em casa, seja na escola, seja em outros ambientes. Todos esses "nãos" são sementes que criam raízes, depois brotam e, por fim, produzem frutos – um a cada dois segundos.

A maioria dos pais estimula os filhos até que eles deem o primeiro passo ou digam a primeira palavra. Depois, quase todos, sem se dar conta, reprimem os filhos, do mesmo jeito que seus pais faziam. "Cuidado!", "Você vai cair!", "Isso não é para você" e assim por diante. Eles cultivam a pior semente em sua prole: a semente do desânimo. E muitas crianças acreditam. Acreditam que não podem determinar a própria vida e que não têm valor. E acabam não gostando de si mesmas e entrando em conflito com a vida.

A mente, então, precisa de novas mudas, porque está tomada de ervas daninhas.

Afirmações são as novas sementes que você mesmo planta em seu cérebro.

Suas afirmações são sua nova verdade.

Assim, sente-se diante do espelho e diga coisas gentis a si mesmo. Muitas vezes. Repetidas vezes. Até acreditar. Talvez leve meses, até mesmo anos. Levou anos até seu cérebro se encher de negatividade, portanto substituí-la por positividade demanda tempo. Faça suas afirmações de manhã cedo, assim que acordar, e, mais uma vez, à noite, antes de se deitar, quando o solo a ser semeado está macio e leve. Use os verbos no tempo presente e forme frases positivas. Todas devem se referir a você, porque você não determina a mente de mais ninguém.

As meninas e eu fazemos afirmações há anos. "Eu mereço" é uma delas e nós a repetimos cem vezes, de manhã e à noite. Quanto mais você repete, mais acredita. E quanto mais acredita, melhor se sente. Sua afirmação é sua semente. Claro, é preciso regar, cuidar e fertilizar sua semente até que ela cresça. A isso chamamos *atitude*.

Certo dia, minha filha de 6 anos me disse:
— Ei, papai. Sabe o que acontece quando eu repito "eu mereço" muitas vezes?
— O quê?
— Eu sorrio. Sem querer.
É isso que as afirmações fazem. Fazem sua alma sorrir.

SEM QUERER...

COMO TER SUCESSO

Meio-dia, numa avenida central de Atenas: no momento em que vou passando, um caminhãozinho de três rodas estaciona no acostamento próximo a um coletor de lixo reciclável, sem bloquear o trânsito e com o pisca-alerta acionado. Do veículo, sai um homem bem-apessoado e bem-vestido, usando calças pretas, camisa e sapatos engraxados. Ele segue na direção do coletor.

Curioso, eu paro e observo. Cuidadosamente, ele abre a tampa do coletor e examina seu conteúdo. Seleciona apenas as caixas de papelão e, pegando um estilete do bolso, começa a remover as fitas das caixas com precisão cirúrgica, como se tentasse não "ferir" as caixas. Em seguida, com paciência, passa a desmontá-las, empilhá--las e separá-las. Depois de recolher uma boa quantidade de caixas, ele organiza montes uniformes, amarrados com um cordão de plástico azul, e os empilha – mais uma vez, com a máxima precisão.

Eu o observo e fico fascinado. Ele é uma daquelas pessoas que, de fato, se dedicam ao que fazem.

Na sequência, o homem organiza, com cuidado, os montes uniformes na carroceria do caminhãozinho. Ele os manuseia como se fossem os itens mais valiosos do mundo. O resultado é esplêndido – fico morto de vontade de tirar uma foto, mas não quero ofendê--lo. Por fim, ele fecha o coletor com cuidado, prende os montes de caixas, entra no caminhão, desliga o pisca-alerta e segue em meio ao trânsito até o próximo coletor, um pouco à frente.

Fico parado por algum tempo, tentando absorver o que acabara de testemunhar. Aquele sujeito faz o trabalho dele como se fosse o mais importante do mundo. Gostando ou não, ele o executa com perfeição. Ele me inspirou de verdade.

Eu gostaria de ter filmado a cena para compartilhá-la com minhas filhas, meus amigos e colegas, com todo mundo. O filme se chamaria *Como ter sucesso*.

Pela manhã, aonde quer que vá, use suas melhores roupas. Ame e honre o que faz. Acima de tudo, ame e honre a si mesmo.

O que quer que você faça, aja como se fosse a coisa mais importante do mundo.

Dedique-se ao que faz. Faça com paixão e amor. Seja você motorista de caminhão do lixo, seja mergulhador do fundo do mar. Em primeiro lugar, faça por si mesmo, de modo que se sinta bem com o trabalho e, só então, se necessário, preocupe-se com colegas e clientes. Acima de tudo, tente deixar o mundo melhor.

EXATAMENTE COMO AQUELE HOMEM BEM-VESTIDO E COM SAPATOS ENGRAXADOS.

GENEROSIDADE GREGA

Eu não diria que ele é meu melhor amigo, mas é um bom amigo e eu o amo e o considero. A recíproca é verdadeira. Eu tinha algumas coisas para resolver na região central de Atenas, nas imediações do escritório dele, por isso entrei em contato e verifiquei se poderia fazer uma visita. Ele trabalha numa empresa grande e bem-sucedida. Depois de me cumprimentar com entusiasmo e de um rápido bate-papo no escritório, ele sugeriu que fôssemos a um café ali perto.

Na saída do escritório, depois de falar com o responsável, ele pegou alguns produtos da empresa. Eram presentes para minhas filhas. Fiquei surpreso. Não eram uma ou duas coisinhas; imagino que os brindes que ganhei eram itens com os quais ele podia presentear o próprio filho. Em outras palavras, ele optou por presentear minhas filhas com algo que poderia ter levado para o filho dele. No início, eu disse que não podia aceitá-los, mas ele insistiu com aquela familiar persistência grega oriunda de uma profunda necessidade de compartilhamento. Ele não aceitaria um não como resposta. Muito tocado pelo gesto, agradeci de coração.

Ao chegarmos ao café, ele me perguntou o que eu queria; deixou claro desde o início que era por conta dele. Disse-me para pegar uma mesa e foi fazer o pedido, trazendo, ele mesmo, meu café, como se eu fosse um convidado em sua casa. Conversamos por um bom tempo sobre o que eu estava fazendo. Ele não se limitou a me ouvir, ele se

interessou pelo que eu dizia e me deu conselhos, como um sócio de confiança. A conta chegou e ele se recusou a me deixar pagar.
– Comigo não! – disse.
Não foi o custo, mas o gesto que me tocou. Há quem diga "Grande coisa!", porém, para mim, foi. Fiquei muito emocionado.

Meu amigo estava exibindo a generosidade grega. Quem costuma viajar sabe que não é comum encontrar essa benevolência em todos os lugares. Alguns chamam de hospitalidade, porém é mais do que isso; é amor – amor desinteressado, que se doa sem esperar nada em troca.

※

Alguns anos atrás, um professor da Inglaterra, que tinha atuado em nosso programa de pós-graduação, nos fez uma visita. Ele nos contou uma história que nunca esquecerei. Ele e a parceira estavam de férias na Grécia, na pitoresca área central de Plaka, procurando um determinado restaurante. Pediram informações a um morador. O homem não apenas disse como chegar lá; ele os acompanhou até o restaurante. Eles agradeceram e, então, viram o homem falar com o proprietário do lugar. Depois de terminar o jantar e pedir a conta, ficaram sabendo que o morador havia pagado pelo vinho que eles tinham consumido. O professor ficou perplexo. Disse que nunca tinha visto tamanha gentileza. Só mesmo na Grécia. Em conclusão, o professor nos disse:

– Essa característica de vocês, gregos, é magnífica. Nunca abram mão dela.

A GENEROSIDADE NOS LEVA LONGE. TODOS PODERIAM APRENDER MUITO COM OS GREGOS.

SUA SUJEIRA

Tudo começou com aquelas correções em caneta vermelha que a professora fazia nos nossos cadernos, na escola fundamental – ela escrevia com tanta força que as marcas apareciam na página seguinte. Se a tarefa fosse uma pintura, o vermelho seria o tema principal e seu texto, o pano de fundo.

À medida que crescemos, parece que aquelas marcas em vermelho se fixam em nosso cérebro. Essas correções são parte da vida, gostemos ou não. No início, são as correções da mãe, depois, da professora, do chefe e, por fim, as nossas próprias correções. Aceite isso e encontrará a paz. Ame seus erros e estará a salvo. Só se sente completo quem aceita os erros – o "lado sombrio", como os especialistas costumam falar. É possível até mesmo chamá-lo de sujeira. A sujeira faz parte de você e sempre fará, por mais que tente negar. É comum espalharmos esterco pelo solo. No começo, cheira mal. Contudo, com o tempo, torna-se o melhor fertilizante.

Nós todos somos ótimos quando tudo está bem, mas a sujeira é a essência da vida. Se quiser se sentir confortável de verdade consigo mesmo, é preciso aprender a amar a sujeira: a falar dela, compartilhar, expor. Não a encubra. Acima de tudo, admita sua existência.

As pessoas mais notáveis do mundo se tornaram quem são porque aceitaram a própria sujeira. Ela os fez quem são.

Chega dessa fachada de redes sociais! Rostos felizes e sorridentes por todo lado, como se fôssemos estrelas de Hollywood. Onde está a sujeira? Onde estão a dor e a raiva? Onde estão os defeitos, os vícios, as falhas e as inadequações? Tudo isso nos torna reais. São as coisas com as quais podemos equipar nossa casa. Só então nossa casa será única. Porque refletirá quem somos. Seja verdadeiro. Você está aqui para amar a sujeira.

Cristo disse:

– Aquele que não tiver pecado que atire a primeira pedra...

ELE DEVIA ESTAR FALANDO DISSO.

ALEGRIA

Um de meus hábitos favoritos é acordar bem cedo. Assim que me levanto, vou correr. Se estou perto da praia, nado um pouco depois, qualquer que seja a estação. Isso me rejuvenesce.

Levo meus hábitos comigo aonde vou: acordar cedo, correr, nadar, fazer exercícios de respiração e meditação, escrever em meu diário, ler, praticar boas ações, me alimentar bem, compartilhar – tudo.

Ontem, depois de minha rotina matinal sagrada, fui à praia. É comum não haver ninguém por lá tão cedo, mas nesse dia não foi assim. Havia uma linda mulher brincando nas ondas, do jeito que minha caçula faria. Ela se jogava nelas e se deixava levar. Com o rosto ao vento, o cabelo molhado brilhando, ela parecia alegre. Fiquei hipnotizado. Em determinado momento, ouvi uma canção e me virei, procurando um rádio. Nada. Então me dei conta de que era a mulher cantando. Ela brincava nas ondas e todo o seu ser estava imerso na canção. Eu dei um mergulho. Quando emergi, ela havia ido embora.

Hoje, minha corrida foi um pouco mais longa e cheguei à praia mais tarde do que o normal. Lá estava ela outra vez. Tinha saído da água e estava usando uma canga de cores vivas. Ela passou por mim e nós trocamos um sorriso. Vi suas feições de perto e, ao ver as rugas profundas em seu rosto, percebi que essa mulher que eu julgara estar na casa dos 40 anos devia ter, pelo menos, 60. Fiquei ali observando-a se afastar e parecia que suas pegadas na areia se iluminavam, uma a uma.

A alegria está dentro da gente. Basta encontrá-la.

Alegria é como ouro: quanto mais se cava, mais se encontra. Ela nos mantém jovens, felizes e fortes. Como aquela mulher sempre jovem da praia, que parecia ter encontrado a fonte da juventude. Quem bebe dessa água conquista o mundo. Desde que se arme de amor: por si mesmo, pelos outros e pela vida.

Deus queria esconder um tesouro de modo que o homem não pudesse encontrá-lo. No início, pensou em escondê-lo no topo da montanha mais alta. *Mas é possível que o homem chegue ao topo da montanha mais alta*, pensou. Então, considerou escondê-lo no fundo do oceano. *Mas é possível que o homem chegue ao fundo do oceano também*, ponderou. *Vou escondê-lo no centro da Terra! O homem nunca o achará lá.* Contudo, teve a impressão de que o homem seria capaz de chegar lá também. Por fim, encontrou a solução. *Vou esconder dentro dele*, disse. *Ele nunca vai pensar em procurar lá.*

É LÁ QUE VOCÊ DEVERIA PROCURAR.

AMOR

Eles estavam sentados lado a lado a algumas mesas de distância. Era meio-dia e eu estava em meu restaurante favorito. Iam conversando e chegando cada vez mais perto um do outro. Fazia tempo que eu não via aquele olhar. Mirando os olhos dela, o rapaz passou a mão pelo pescoço da moça, aproximando-a ainda mais. Ela não recuou. Os lábios não se tocaram, mas eles estavam tão próximos que parecia que, a qualquer momento, eles grudariam como ímãs. Ele mexeu no cabelo dela, penteando-o com os dedos, arrumando uma mecha solta atrás da orelha, afastando a franja para um dos lados. Os olhos estavam embriagados de amor. Não consegui deixar de observá-los, feliz por eles, admirando-os. Depois de algum tempo, eles saíram de braços dados. Nem a calçada mais estreita teria o poder de separá-los.

Fiquei pensando naquele olhar que solta faíscas. Chama-se amor e pode nos levar a qualquer lugar. Não apenas nos conecta a nossos parceiros, mas a tudo. O amor é o melhor tempero – torna qualquer comida mais saborosa. É a lupa que concentra os raios do sol para iluminar qualquer substância. É a ferramenta mais poderosa de todas.

Amor é o que sentimos pelo trabalho; é a razão pela qual nos levantamos de manhã; é o que nos enche de gratidão pelas coisas que temos e que não temos. O amor acontece quando agradecemos por um bom prato de comida; todas as vezes que olhamos no espelho e gostamos do que vemos. O amor é o que sentimos por um estranho se nos apressamos em ajudá-lo. Amar é recolher o lixo do chão, mesmo que não o tenhamos jogado. Amar é dizer uma palavra gentil e gostar do que se diz. Amor é o que sentimos cada vez que praticamos nosso hobby favorito. O amor é aquele efeito luminoso dos filmes no momento em que uma mágica acontece. Só que de verdade.

Amor é o que faz a Terra girar. É o que nos mantém sempre jovens e felizes.

O amor é a razão da existência.

    Sentado ali, perdido em pensamentos, vi um homem respeitável, com uma bengala, dirigindo-se com dificuldade ao restaurante. Estava bem-vestido, com uma camisa muito bem passada e calças com vincos perfeitos, o cabelo penteado para trás. Eu o reconheci: era o proprietário, que tinha aberto o restaurante havia 50 anos. Não se passa um dia sem que ele apareça lá. Ele tem a própria mesa, na qual se senta para dar uma respirada. Apoiou a bengala em uma cadeira e, com orgulho, observou seu estabelecimento, com os olhos brilhando de alegria.

    Já vi aquele olhar antes – o olhar que nos leva a qualquer lugar.

CHAMA-SE AMOR.

PONTUAÇÃO ALTA

Tenho viajado muito nos últimos tempos para participar de oficinas de autoconhecimento. Tudo isso é para tornar meu sonho realidade: introduzir um curso de valores pessoais no jardim de infância e nas escolas de ensino fundamental da Grécia.

Quanto mais exploro essas ideias, mais nítido meu sonho se torna. Para mim, vida é energia – quanto mais bem gerenciada a energia, melhor se vive. É como aqueles jogos de computador em que há três canhões, cada um composto por vidas. Toda vez que o jogador faz alguma bobagem, perde uma vida. Se perder todas, perde o canhão. A boa notícia é que é possível pegar as vidas e os canhões de volta, desde que se jogue bem, de acordo com as regras.

Na vida real, há dois tipos de situação: as que podemos e as que não podemos controlar. Sempre que alguém emprega energia no que não pode controlar, perde vidas. Imagine-se num avião. Cabe a você planejar a viagem, escolher a linha aérea, reservar a passagem e fazer as malas. Como estará o clima, quem será o piloto e se o avião vai ou não cair são questões fora de seu controle. Preocupar-se com essas coisas só desperdiça vidas.

Preocupar-se com a opinião dos outros também não é função sua. Quaisquer suposições e cenários imaginados só servem para desperdiçar energia. Sua função é se preocupar com o que *você* pensa.

Toda forma de crítica e fofoca consome vidas, muitas vidas. Reclamar, sentir ciúmes ou raiva, guardar ressentimento e tudo o mais cabem na mesma categoria. É como tomar veneno e torcer para o outro morrer. Há quem pense que está apenas desabafando. Acontece que uma negatividade assim tem o poder de pôr qualquer um de joelhos. Contar os problemas a todo mundo não ajuda em nada. Encare-os de frente. Procure a ajuda de profissionais, se necessário. Caso contrário, cedo ou tarde, você vai acabar no médico, de um jeito ou de outro.

Comer porcaria, ver TV demais, dormir mal, passar muito tempo nas redes sociais e contar as mesmas velhas histórias inúmeras vezes, tudo isso consome vidas. Resmungar por causa da mãe, do namorado ou namorada e do presidente só consome a *sua* vida – não a minha ou a do presidente.

Fazer sempre a mesma coisa, sem ousar dar um passo à frente, também mata. No início, é imperceptível. Entretanto, em algum momento, a pessoa chega aos 40 ou 50 anos e não aguenta mais. Ficar preso à rotina é uma morte lenta e dolorosa. O talento existe para ser usado, não estocado. Se não for posto em ação, ele se torna uma dor profunda e perturbadora. Chega o momento em que a gente sente falta do canhão e se pergunta quem o roubou.

Dilemas inúteis também matam. Um dia desses, ouvi uma conversa na qual um sujeito estava elogiando o programa de responsabilidade social de um determinado canal de TV. A mulher com quem ele conversava argumentou que há muitas iniciativas valiosas de que ninguém ouve falar. Seguiu-se uma acalorada discussão. O que não compreendo é por que é necessário escolher, se podemos ficar com os dois. É possível reconhecer boas ações, venham de onde vierem. Preocupações nocivas dividem as pessoas. E consomem você.

Por outro lado, há coisas simples que impulsionam a energia e ajudam a recuperar aqueles canhões. São coisas que costumamos ignorar ou esnobar: dizer por favor e obrigado; ceder o lugar, em especial a estranhos; planejar uma surpresa para seu melhor amigo; ajudar alguém na rua. Não importa se você não tem dinheiro. Diga uma palavra gentil. Todas essas coisas são filhas do amor e fazem com que você se sinta como se houvesse uma razão para estar aqui na Terra. Porque há.

Sorria, mesmo que não veja um motivo. Sorria até que o motivo apareça. Mantenha a coluna ereta e a cabeça erguida. Ganham-se vidas assim. Essas vidas não aparecem de imediato. Elas surgem de repente, quando menos se espera – não importa de onde. Isso não é problema seu. Sua tarefa é ter fé.

Diga "não" se necessário e estabeleça limites. Você não ganha vidas assim, porém protege as que tem. Preocupe-se antes com sua opinião e, depois, com a dos outros. Na infância, nos ensinaram que isso é falta de educação, mas não é: trata-se de se proteger. É bom para os outros também, porque eles aprendem onde podem ou não meter o bedelho.

Fazer exercícios, praticar esportes e se movimentar geram muitas vidas. Movimento é vida. Afasta a depressão e o excesso de autorreflexão, além de limpar a mente e a alma. Respirar de forma correta também é importante – assegure-se de inflar a barriga, essa é a forma correta de respirar. Respirar fundo indica que a pessoa vive com profundidade. E, é claro, beba muita água.

Mantenha o foco no que está fazendo, não fique tão disperso. Desabilite todas as notificações do celular. Concentrando toda a energia de um feixe de laser em um único ponto, pode-se abrir um buraco na parede. Esse é o poder da concentração. As pessoas que conquistaram muita coisa têm algo em comum: sabiam para onde direcionar o foco.

E há algo mais que gera canhões de imediato. Algo mágico.

Chama-se gratidão.
Seja grato por tudo.

Gratidão pelo trabalho que se tem ou não. Gratidão pelos filhos que se tem ou não. Sabe quando alguém está um pouco bêbado e, por isso, ama todo mundo? É assim, mas sem o álcool. Seja grato, em especial, se tiver saúde e uma cama quentinha em casa. Todo o resto se arranja – com atitudes, não com pensamentos e desejos. Li em algum lugar que a saúde é a coroa invisível sobre nossa cabeça, só quem não a tem consegue ver. Portanto, feche os olhos e diga infinitos obrigados. Você sabe a quem agradecer.

Leia todos os dias e se mantenha em constante evolução e aprendizado. Melhor pular uma refeição do que deixar de ler. A leitura é o oxigênio da alma e vai turbinar os canhões.

Faça tudo isso, e seu jogo de computador vai recompensá-lo, gerando vidas infinitas. É para isso que você está aqui: não para o "fim de jogo".

MAS PARA UMA PONTUAÇÃO BEM ALTA.

SEJA PONTUAL

Os ingleses são conhecidos pela pontualidade. Morei na Inglaterra, mas não assimilei bem a ideia de ser pontual quando estava lá. Mesmo que eu tivesse três horas para me arrumar, sempre chegava com 15 minutos de atraso. Eu era consistente em minha inconsistência! Tenho certeza de que qualquer pessoa que combinasse de encontrar comigo acrescentava 15 minutos ao horário marcado.

Muitas pessoas já haviam chamado minha atenção para esse mau hábito. No entanto, eu estava mergulhado em meu próprio mundinho. Achava que estavam batendo numa tecla sem importância. Só que a forma como a pessoa lida com as coisas pequenas é a mesma com que lida com as grandes. É um efeito dominó. Se sua pontualidade não é confiável, é provável que seu trabalho também não seja. Não ser confiável no trabalho pode influenciar os relacionamentos pessoais. Como alguém que não é confiável nos relacionamentos pessoais pode confiar em si mesmo? Não é possível.

Conheço pessoas que não usam cinto de segurança, não recarregam a bateria do celular toda noite, mexem no telefone enquanto dirigem, comem correndo, não agendam os compromissos de forma adequada, abusam dos limites da mesma forma como abusam do estômago. A mensagem que você está enviando a si mesmo, grande como um outdoor, é: você não merece tudo isso, seu bobo. Não merece confiança, dinheiro ou sucesso. Quem dá descontos para as pequenas coisas vai fazer o mesmo com as grandes. É assim que funciona. Sua loja terá uma grande placa de descontos na vitrine ao longo de todo o ano e você vai ficar se perguntando por que a loja ao lado se dá tão bem.

Meu mentor me dizia que o jogo é manipulado *por* você *para* você. Era disso que ele falava. Você dá as cartas e pega a mão. É, ao mesmo tempo, o crupiê e o jogador. Portanto, aprenda a controlar melhor as cartas.

Aprenda a controlar melhor a vida.
Aprenda a se controlar melhor.

Minha filha caçula também me disse isso. Uma noite, escovando os dentes, ela reclamou:
– Papai, eu não quero coçar o nariz, mas minha mão direita coça meu nariz sozinha!
Não deixe sua mão fazer o que der na telha.

VOCÊ NÃO TEM 6 ANOS DE IDADE.

OS NOTÁVEIS

Estávamos ouvindo a trilha sonora do filme *Nosso amor de ontem*, clássico de 1973, e a conversa chegou a Robert Redford: homem e ator extraordinário. Há algo mágico em todos os seus filmes: *Um homem fora de série, Entre dois amores, Brubaker, Proposta indecente* – todos. Ele já tem mais de 80 anos e ainda é uma figura fascinante.

Meu amigo organiza o Festival Sundance de Cinema. Gosta de ajudar outras pessoas – cineastas em ascensão – a atingir seus objetivos, assim como ele conseguiu. Ele tem um sonho. Uma paixão. E precisa compartilhar isso.

Pouco tempo atrás, eu estava assistindo à entrevista que Nikos Galis deu durante sua admissão ao Naismith Memorial Basketball Hall of Fame – um homem de muita ética e poucas palavras. Afinal de contas, ele não precisa dizer muito, é uma figura lendária, dentro e fora das quadras, e talvez o melhor jogador de basquete europeu de todos os tempos. Ele subiu ao pódio trajando um blazer branco como a neve e gravata-borboleta e, durante três minutos, proferiu um discurso inesquecível. Contou de uma senhora que o abordou numa rua de Salonica. A princípio, achou que ela queria um autógrafo. Em vez disso, a mulher o abraçou e agradeceu por ele ter salvado o filho dela, que tinha sido viciado em drogas até a Grécia vencer o campeonato europeu de basquete. Inspirado por Galis, o rapaz largou a droga e se tornou um jogador de basquete como ele.

– Esse é o maior presente que um atleta pode dar à sociedade – disse ele, com modéstia.

Foi ovacionado.

Então pensei em Giannis Antetokounmpo, outro lendário jogador de basquete que, há pouco tempo, assinou um contrato de 100 milhões de dólares. A despeito de todo o sucesso, ele não mudou. Mantém seus exercícios diários e é um exemplo dentro e fora das quadras. Se o presidente dos Estados Unidos fala de alguém e essa pessoa continua a se comportar com a modéstia e a ética que tinha quando era mais jovem, sem dúvida é um dos grandes.

Algumas pessoas não são apenas boas – estão entre as notáveis. Ninguém lhes pediu para fazer o que fazem. Ninguém as empurrou tão alto. E elas se mantêm lá; nada pode detê-las. Estão sempre em busca de algo maior. Não se acomodam em seus louros. Querem compartilhar. Querem mudar o mundo, torná-lo melhor. Não o fazem por dinheiro. Ganham dinheiro, mas não é por isso que o fazem. Essas pessoas são grandiosas. Você as reconhece quando não encontra palavras capazes de defini-las.

Pouco tempo atrás, eu estava participando de um workshop e o palestrante exibiu um vídeo feito num banheiro masculino, na África do Sul. A verdadeira estrela era o zelador. Assim que o palestrante entrou no banheiro, o zelador o cumprimentou cheio de entusiasmo.

– Bem-vindo ao meu escritório! – exclamou. – Muitas pessoas vêm aqui todos os dias. Quero que saiam mais felizes do que entraram. Essa é minha responsabilidade. Por isso, faço o melhor trabalho que posso. Esfrego cada rejunte com o máximo de cuidado. Adoro meu trabalho.

Com um largo sorriso, o homem transbordava orgulho. Até seus olhos sorriam. No final do vídeo, meus olhos se encheram de lágrimas de gratidão por essas pessoas existirem. Pessoas grandiosas.

Não se nasce grande. Torna-se grande.
Não é o que se faz, é *como* se faz.

**COMO AQUELE ZELADOR MARAVILHOSO
NO BANHEIRO MASCULINO.**

A MARIPOSA

IRIDESCENTE, FRÁGIL, EXTRAORDINÁRIA. No início, eu mal pude percebê-la, mas lá estava ela, branca como a neve, na janela do banheiro. As mariposas às vezes são chamadas de borboletas noturnas e costumam ser ainda mais bonitas do que as diurnas. Não há qualquer ação neutra no Universo. Toda ação tem um efeito, positivo ou negativo, e, em primeiro lugar e acima de tudo, nos afeta por dentro.

Digamos que uma pessoa alugue um apartamento. A forma como ela cuida dele e o estado em que deixa o lugar depois que se muda podem gerar um sinal positivo ou negativo. Um apartamento limpo e sem qualquer avaria gera um sinal positivo. Um sujo e malcuidado, negativo. O acúmulo de sinais positivos aumenta o capital da pessoa. Um estoque de sinais negativos o devora. Em algum momento, ela vai se perguntar:

– Onde a minha vida foi parar? Onde foi que eu errei? Quem a roubou de mim?

Pense em como ela deixou aquele apartamento...

Você joga lixo na rua, sempre coloca seus interesses em primeiro lugar, adia os sonhos, desperdiça sua vida, fala mal de si mesmo, deixa de evoluir, se torna crítico demais, fica viciado em redes sociais, em álcool, em jogos ou em ver TV – tudo isso somado se torna uma dívida.

Você usa palavras gentis, lê, conversa com outras pessoas, evolui, ousa, sai da zona de conforto, se exercita, se alimenta bem, é prestativo, trabalha em equipe, é otimista, sorri, acredita em si mesmo, dá sobras de comida a moradores de rua, esvazia a garrafa de água em um arbusto seco – tudo isso são recursos.

Ao agir dessa forma, você é capaz de sentir o aumento de seus recursos. O mesmo acontece com as dívidas. Não é preciso parar e calcular nada para saber. Nem é necessário verificar os registros depois de um dia de trabalho. No fundo, você sabe, mesmo antes de fazer as contas.

Você ultrapassa um sinal vermelho, então olha, percebe que nenhum guarda de trânsito viu e vibra. Espere aí! Você viu o que fez e isso basta. E acrescentou um sinal negativo às suas dívidas, ao seu valor pessoal, à sua autoestima.

Não viva em função dos outros, mas de si mesmo.

❋

Hoje de manhã, tomei um banho. A certa altura, vi a mariposa se debatendo na água. Sem querer, eu a tinha encharcado. Me senti muito mal. Peguei uma toalha de papel e a sequei. Pus um pouco de açúcar para ela, fiz o que pude para salvá-la. Sinal positivo! A mariposa, no fim, ficou bem.

Grande coisa. Uma mariposa a menos no Universo faria alguma diferença?

PARA MIM, SIM.

A EQUIPE DA REFORMA

O ANO É 2005 E NÓS ACABAMOS de nos mudar para o escritório novo. Meu amigo arquiteto criou um ambiente maravilhoso. Fica no primeiro andar de um prédio comercial e, por enquanto, o andar térreo está vazio.

– Cruze os dedos para que ninguém alugue o térreo – ele me diz. – O barulho da reforma é enlouquecedor.
– Já foi alugado – informo. – A equipe começa a reforma em dois meses.
– Ai, ai... – foi a reação inicial dele. E a minha também.
– Calma, Mitsos. Vamos dar uma olhada no sujeito, primeiro. Vai que ele não é assim tão ruim – considero.
– Sem chances. Estabeleça regras desde o início. Não tem como a equipe não fazer uma barulheira. Exija que eles façam o isolamento antes para que você consiga trabalhar.
– Calma, Mitsos. Vamos falar com o cara antes.
– Ouça o que digo. Conheço esses caras. Não adianta nada falar com eles. É preciso mostrar quem manda.

Antes mesmo que eu consiga descer as escadas, o encarregado da obra vem conversar comigo. Chama-se Kostas e é todo sorridente. Um homem honesto, trabalhador. Trouxe umas rosquinhas da padaria para me dar as boas-vindas.

Começamos a conversar. Desde o início, nos tratamos sem formalidades. Eu compartilho as preocupações de meu amigo.

– Não se preocupe, Stefanos! Não vamos fazer nada muito grande no térreo. O trabalho pesado será no subsolo. Não vai haver qualquer problema com o barulho. E, se houver, venha falar comigo.

A palavra "exigir" usada pelo meu amigo ronda meu cérebro. Eu a deixo de lado.

Um ano depois, Kostas é uma das melhores pessoas que conheço. Todos os funcionários do escritório cuidam de seus carros na oficina dele: os preços são razoáveis, o serviço é de primeiríssima linha. Para mim, ele mais parece um irmão do que um amigo.

Não tire conclusões precipitadas. Não dê ouvidos àquele ruído em sua cabeça. Cada situação é diferente, única. Quando achamos que sabemos alguma coisa, é comum descobrirmos que estamos equivocados.

Não tire conclusões precipitadas. Viva a vida.

Saia da gaiola. Veja a beleza, o amor, a humanidade ao seu redor. Sinta-se livre e deixe o panorama geral se desenrolar. Ele revelará tudo.

❋

Um sujeito está na sala de embarque do aeroporto, lendo um jornal. Uma mulher está sentada ao lado dele. Perto do homem, há um pacote de biscoitos. De repente, a mulher se serve de um biscoito, sem pedir. O homem lhe dirige um olhar enviesado e nada diz. Pouco tempo depois, ela pega mais um. Ele permanece em silêncio, mas começa a se irritar. E assim a coisa segue: ele pega um biscoito, ela pega outro. O cara fica lívido. Só resta um. A mulher tem a coragem de se virar e perguntar:

– Você quer comer o último ou eu posso pegar?

O homem pega o pacote e o destrói, tremendo de raiva. Então, embarca no avião e se senta. Abre a bolsa para pegar um livro e tentar se acalmar. Surpresa! Ali dentro está seu próprio pacote de biscoitos, intocado! Ele tinha comido biscoitos do pacote da mulher o tempo todo. E ela não só não disse nada, como ainda lhe ofereceu o último.

LEMBRE-SE DO QUE ACONTECE AO TIRAR CONCLUSÕES PRECIPITADAS. O EQUÍVOCO PODE ESTAR EM VOCÊ.

NUNCA DESISTA

Você tem seus problemas. Todo mundo tem. Fazem parte da vida. E assim será enquanto estivermos vivos. O que importa é como lidamos com isso. É disso que se trata.

Há quem se sente e fique olhando para os problemas, ainda que com uma expectativa positiva. Em algum momento, eles vão desaparecer, dizem. Mas os malditos problemas não somem. Só pensar positivo não vai lhe dar o que você quer. Pelo contrário, você verá que estava errado e ficará decepcionado. A esperança é só o alicerce. Não vai erguer a construção sozinha. Vá por mim, eu sei. Tirei 10 na matéria esperança. Acontece que fui reprovado na matéria atitude. Foi a receita ideal para desilusões, decepções, depressão e doenças.

Por outro lado, há aqueles que entram em combate com os problemas; e lutam muito. Passam horas sem fim pegando pesado na academia da vida. Revoltam-se contra os aparelhos de ginástica, mas as barras de ferro não se dobram. E quanto mais as barras se recusam a se quebrar, mais essas pessoas se revoltam. Para elas, a vida é um exaustivo treino sem fim.

Outros já desistiram há muito tempo. Deixaram o navio se espatifar contra os rochedos. Permitem que os problemas se acumulem como montes de roupa suja na lavanderia. Para eles, a vida é um beco sem saída. Há muita raiva e nenhuma tentativa de mudar as coisas. Tenho um amigo nessa categoria.

— Vamos juntos a uma oficina motivacional — sugiro, um dia.

— Prefiro morrer a participar de um negócio desses — responde ele.

Tudo bem, então. Você manda.

Por fim, há os que examinaram melhor a coisa. Com eles, não é só conversa. Eles não param. Constroem. Sempre se perguntam o que poderiam fazer melhor. Não têm medo de cometer erros. Caso coloquem um tijolo torto, eles o removem e recolocam da forma correta. Não é o fim do mundo. Só se o cimento secar será o fim do mundo. Eles também vão à academia, porém não se excedem — meia hora por dia basta. Essas pessoas amam a vida e a vida as ama.

Qualquer que seja sua categoria, você tem a combinação, como num cofre. Talvez ela tenha três dígitos, talvez quatro ou quatorze. Cada vez que você acerta um número, o disco faz um clique. Ao vibrar por ter descoberto um número, você se sente inspirado a encontrar o próximo. Quanto mais procura, mais acha.

※

Duas sementes foram plantadas.

— Vou crescer e ficar grande — disse uma delas. — Vou enfiar a cabeça no solo e conseguir. Vocês vão ver!

E não parou. No caminho, deparou com pedras e gravetos, mas continuou, animada e cheia de coragem. Por fim, conseguiu.

— Durante quanto tempo preciso abrir caminho para cima? — reclamou a outra semente. — Essa sucessão de pedras e gravetos não tem fim? Esses obstáculos nunca vão parar de me bloquear? — resmungou.

Ela avançou, mas não se dedicou de coração à escalada. Por fim, ficou exausta.

– Não consigo mais.
E desistiu – a apenas um milímetro de emergir ao sol.

Nunca desista.

VOCÊ NUNCA SABERÁ SE ESTÁ A UMA PEDRINHA DE ROMPER O SOLO E EMERGIR AO SOL.

VÁ ALÉM DO ESPERADO

É SETEMBRO, ESTOU NA ILHA DE AMORGOS, no mar Egeu. Ao voltar de um mergulho nas águas cristalinas, vejo uma placa indicando o mosteiro de São Jorge Valsamitis. Alguma coisa me diz que eu preciso ir até lá.

À primeira vista, o mosteiro é impressionante: compacto, limpíssimo e tão bonito quanto uma casa de bonecas. Depois de prestar minhas homenagens, sou convidado a me dirigir a uma saleta de recepção. As freiras me servem um copo de água gelada e uma guloseima turca. Observo a maravilhosa sequência de imagens nas paredes e pergunto quem as pintou. Descubro que foi a Madre Superiora Irene, que também conduz as cerimônias do lugar. Mal posso esperar para conhecê-la. Ela está lá fora, regando as flores.

Madre Superiora Irene é uma mulher jovem com olhos brilhantes cheios de vida, irradiando energia e otimismo. Ela me conta que se mudou de Atenas para Amorgos há seis anos. Deixou tudo para trás a partir do momento que bateu os olhos no mosteiro e se apaixonou por ele. O mosteiro ficara fechado por 300 anos e a abadessa o trouxe de volta à vida, convertendo-o ao Paraíso na Terra. Ela plantou 30 árvores e cuida de mais de 20 gatos, que levou para castrar e vacinar. É uma mulher de atitude. Arregaça as mangas ao raiar do dia e só descansa na hora de se recolher, à noite. Ao longo do dia, ela cuida do mosteiro com amor e carinho.

Vivaz, ativa, talentosa e empolgada, é um verdadeiro exemplo a ser seguido.

Veja bem, há pessoas que se doam por inteiro ao que fazem. São destinadas ao êxito onde quer que estejam, seja na Grécia, seja na América, seja no deserto do Saara ou na Lua. Não conseguem evitar o sucesso. Assim como ninguém impede o sol de nascer. Essas pessoas não têm uma estrela guia. Seguem o próprio caminho. Têm um desejo que não as deixa descansar. Pulam da cama de manhã e mal podem esperar até começar a trabalhar, no escritório ou num projeto próprio. Mantêm a mente sempre cheia de novas ideias. Alguma coisa em seu íntimo as impulsiona a compartilhar. Se lhes pedirem dez, elas darão 100; se pedirem 100, darão 1.000. Se levam alegria a outras pessoas, sentem-se ainda mais felizes.

Pode ser o motorista de táxi que o recebe com um sorriso e uma garrafa de água, ou o funcionário do escritório que, apesar de ganhar um salário mínimo, trabalha como se ganhasse um dinheirão, ou o coletor de lixo reciclável que recolhe as caixas e as organiza como se fosse um artista. O que a maioria não percebe é que essas pessoas não fazem tudo isso pelo dinheiro. Fazem por elas mesmas. É o oxigênio delas. Sem ele, elas morrem.

Por que procurar por heróis se você pode ser seu próprio herói?

SIGA SEUS SONHOS E DÊ A ELES TUDO QUE TEM.
COMO A MADRE SUPERIORA IRENE.

COMPARTILHE

Ele é um bom amigo, embora seja uma amizade recente. Nós nos conhecemos há menos de 10 anos, mas já o considero um irmão. Há algum tempo, ele começou a reclamar de dores nas costas, então o convenci a nadar, como eu faço, ao longo do ano.
Outro dia, ele me ligou. Antes de começar a falar, deu uma risada.
– Cara, sabe de uma coisa? Minha dor nas costas desapareceu! Minha esposa começou a nadar também. Ela adora. Estamos nadando juntos.
Fiquei muito feliz.
Fui encorajado a nadar o ano inteiro e isso mudou minha vida também.
Hoje de manhã, quando fui correr, passei por dez pessoas. Sempre cumprimento todo mundo. É engraçado ver a reação delas. Um sujeito me lançou um olhar suspeito e só me cumprimentou de volta depois que eu já estava longe o suficiente. Uma mulher gritou um bom-dia de longe. No dia anterior, brinquei com um sujeito – as chaves dele balançavam no bolso durante a corrida – e hoje ele me mostrou que tinha deixado as chaves no carro. Outra mulher me olhou de cima a baixo e, por fim, deu um sorriso discreto.
Alguns corredores riem com elegância, como se estivessem tomando chá com a rainha, outros gargalham como se não hou-

vesse amanhã. Alguns correm em duplas e, assim, eu ganho um sorriso duplo. Há um cara – acho que é inglês – que dá risadinhas contidas. E um outro engraçadinho que todos os dias corre direto na minha direção e desvia no último minuto. Algum dia a gente ainda vai se esbarrar, tenho certeza. Há todo um espectro de sorrisos e bons-dias, como o espectro do arco-íris de minha vida.

Se ao menos uma pessoa disser que você fez diferença na vida dela, sua vida já terá valido a pena.

Compartilhar é algo mágico. É possível compartilhar qualquer coisa: um livro interessante, um hábito saudável, uma palavra gentil, um cumprimento pela manhã, um sorriso. Compartilhe da dor de alguém, se preciso. Vibre com a felicidade alheia. Abraços, tapinhas nas costas e mãos dadas são parte da razão de viver. Zig Ziglar, autor e palestrante americano, disse: "É possível conseguir qualquer coisa na vida apenas ajudando outras pessoas a conseguir o que querem." Ele sabia do que estava falando.

Alguns anos atrás, um palestrante visitou a Grécia. Era alguém importante na área de tecnologia. Ele também costumava se levantar cedo. Antes da madrugada, foi correr no Estádio Olímpico de Atenas. E compartilhou conosco como ficou impressionado com o nascer do sol. Ele estava feliz, mas disse:

– Faltava alguma coisa. Não havia ninguém lá para compartilhar comigo. Eu queria que minha esposa estivesse lá.

Lembro-me que seus olhos se encheram de lágrimas.

E OS NOSSOS TAMBÉM.

NÃO SEJA TÃO DISPERSO

Dei carona a uma amiga muito querida, pois íamos resolver algumas coisas juntos. No caminho, precisamos fazer uma parada e pegar um documento com outro amigo em comum, alguém com quem ela não se encontrava havia bastante tempo. Estavam loucos para botar a conversa em dia.

A menos de um minuto do local de trabalho dele, o celular dela toca. Ela vasculha a bolsa à procura do aparelho, que segue tocando. Por fim, localiza o telefone e tenta atender. Na pressa, não consegue passar o dedo pelo ícone verde a tempo. Quando finalmente consegue, a outra pessoa já tinha desligado. Ela fica frustrada. Liga de volta, mas o sinal está ocupado. Acontece o clássico: o lado de lá está tentando outra vez. Ela desliga. Chega uma mensagem dizendo que ela havia recebido uma ligação. Ela espera alguns segundos e volta a tentar. A outra pessoa faz a mesma coisa. Ambas tentam completar a ligação. Mais uma mensagem.

Nesse meio-tempo, chegamos ao escritório do amigo. Ele vem nos receber e eles trocam um abraço apertado. Começam a conversar. Assim que a conversa engata, o telefone dela toca outra vez. A mesma lenga-lenga: ela tenta achar o aparelho na bolsa, desliza o dedo sobre o ícone verde com um pouco mais de tranquilidade, dessa vez. Enquanto isso, o amigo está esperando que ela encerre a ligação. Ela logo desliga o telefone, porém perdeu a linha de raciocínio. Tentamos resgatar a conversa, mas já é hora de irmos embora. Ela se despede. Mal consigo segurar o riso diante do fiasco.

Nossos telefones celulares têm um recurso maravilhoso chamado "modo silencioso", o recurso mais útil de todos. Se o tivesse acionado depois da primeira ligação, ela poderia ter ligado de volta após a conversa com o amigo que ela tanto queria ver e tudo teria sido ótimo. Ela teria estado presente naquele momento. Mas não esteve. Foi como se tivesse estourado o próprio balão; não havia como voltar a enchê-lo. É isso que fazemos e é assim que deixamos passar grandes e pequenas coisas.

Não aprendemos a proteger nosso foco ou nossa energia.

As pessoas notáveis deste mundo defendem essas duas coisas com a vida.

Um outro amigo, meu melhor amigo, na verdade, adora mergulhar em águas profundas. Ele consegue chegar a grandes profundidades. Já o vi mergulhar. Ele desliza pela água com suavidade, como uma enguia. Não se esforça além da conta nem faz movimentos desnecessários. Economiza foco e energia. Economiza fôlego. E, uma vez lá embaixo, nada mais existe.

Para mim, essa é a única forma de viver.

COMO SE NADA MAIS EXISTISSE.

NÁUFRAGO

Eu estava esperando uns amigos muito legais para o jantar. De certa forma, nós três somos bem diferentes no que diz respeito a personalidades, profissões e visões de mundo. Por outro lado, somos também muito parecidos, pois sentimos as coisas da mesma maneira. É o que os músicos chamam de harmonia, e isso faz toda a diferença.

A conversa engatou de imediato. Dessa vez, foi sobre sorte: as pessoas que têm sucesso são apenas sortudas? Elas têm uma pata de coelho secreta? Será que a sorte existe mesmo? Ou você cria a própria sorte? E, se for assim, isso serve apenas para uns poucos eleitos? Ou é tudo balela quando a realidade bate à porta e seus filhos estão com fome?

Nós ficamos divididos entre dois lados. Dois de nós conversamos; o outro ouviu e fez objeções; e nós o ouvimos. Eram as condições perfeitas para uma discussão florescer. E ela floresceu.

Falamos muitas coisas. Resumindo:

Ninguém nasce com sorte.
Você cria a própria sorte quando dá duro.

Os golpes duros da vida sempre virão. Quanto mais imprevistos, melhor. Então, qual o segredo? Nunca desista. Se cair sete vezes, levante oito. E faça ouvidos de mercador. Não dê atenção aos "nãos". Mantenha-se firme. Muitas pessoas notáveis como Thomas Edison, Marie Curie, Walt Disney, Rosa Parks, Albert Einstein, Malala Yousafzai e Steve Jobs fizeram pouco caso das pessoas do contra.

Em contrapartida, há muitas boas regras para se seguir em frente, mesmo que você não queira ouvi-las. Só o fato de pensar nelas pode lhe deixar tonto. Dizem que é preciso fazer uma coisa por 10 mil horas até se especializar nela. Se uma pessoa reservar três horas diárias de prática, tornar-se um mestre demandará dez anos. É mais fácil botar toda a culpa nos péssimos pais do que pôr as mãos à obra. Digamos que se queira mudar um hábito: talvez acordar cedo, exercitar-se ou ler. São necessários ao menos 66 dias seguidos até que seu corpo se acostume com isso, até que o hábito faça parte de sua natureza. E isso é difícil. Então é comum desistir no segundo dia.

É preciso correr riscos. Caso contrário, você está acabado. Afinal de contas, não há nada a perder. E, se não funcionar, você ainda será um vencedor, porque terá aprendido alguma coisa. Ame seus erros; não tenha medo deles. Todos fazem parte das experiências da vida.

Nossa conversa terminou com uma citação do livro de Nikos Kazantzakis, *The Saviours of God* (Os Salvadores de Deus): "Nosso corpo é um navio que navega profundas águas azuis. Qual nosso objetivo? Naufragar!"

MANHÃ À BEIRA-MAR

Eu me levantei cedo certa manhã. Não estava com muita vontade, porém tinha me comprometido comigo mesmo a ir correr. Poderia muito bem ter desistido, afinal iria sozinho. Mas já aprendi que, ao me comprometer com as coisas pequenas, estou apto a me comprometer com as grandes também.

Eu tinha dito que correria oito quilômetros ao longo da orla. Perto dos seis, pensei em parar. Ninguém ficaria sabendo. Mas não parei, porque queria honrar meu compromisso. No fim das contas, não apenas corri os oito quilômetros planejados, como continuei por mais 500 metros. Eu me senti ótimo por cumprir a minha meta.

No meio do caminho, havia uma obra na estrada fazendo uma barulheira e gerando muita fumaça. Aquilo me irritou um pouco e eu poderia ter terminado a corrida de mau humor. *Fui correr à beira-mar e me engasguei com a poluição!* Mas mantive o foco no mar, no sol e no ar fresco. Não teria sido uma pena deixar que 100 metros estragassem os outros 7.900? Não permiti. Foco é fundamental.

Enquanto corria, passei por um simpático homem de meia-idade, caminhando a passos rápidos. Eu o cumprimentei, porque sei da importância de nos conectarmos. Sabia que, com esse "bom-dia", ganharia o dia. E assim foi. Ele respondeu e seu gentil "bom-dia" ressoou em alto e bom som. Veio do coração, assim como o sorriso que se seguiu. Eu apreciei todo o momento.

Durante a corrida, fui ouvindo um podcast do *The Economist*.

Sempre me atualizo do que está acontecendo no mundo quando corro – dois coelhos com uma cajadada só. Para mim, é muito importante evoluir e aprender, e faço isso todos os dias.

Por fim, cheguei à praia. Foi aí que hesitei. Apesar do dia ensolarado, a água estava fria, pois estávamos em pleno inverno. Parei e, enfim, mergulhei, figurativa e literalmente. Optei por sentir um pouco de desconforto durante alguns segundos para que pudesse me sentir melhor o resto do dia, pois sabia que nadar me rejuvenesceria. É comum escolhermos o caminho mais fácil, porque queremos evitar o desconforto, ainda que isso não signifique que aquele seja o caminho certo ou o melhor. Quando se trata de conseguir o que se quer, isso costuma fazer toda a diferença.

No passado, eu não sabia de tudo isso. Não aprendi isso em casa ou na escola. Aprendi na vida adulta, depois de muito trabalho sistemático. Isso me ajudou a mudar de vida. Na infância, eu me lembro de sempre sentir falta de alguma coisa; sempre esperar que me escolhessem, mas nunca ser escolhido. Havia sempre um "Por quê?" rondando minha cabeça. *Por que a vida era tão injusta comigo?* Eu me lembro de me sentir infeliz com frequência.

Sofri muito naqueles anos, mas nunca percebi que sofria porque minha dor e eu tínhamos nos tornado um único ser. Nem sempre estou no paraíso; é comum não conseguir o que quero. Mas, mesmo se cometo uma falha, faço minhas escolhas, sacudo a poeira e recomeço. E aprendo com meus erros. E, quando me olho no espelho, sei que vejo um amigo, não um inimigo. "Todo problema é uma dádiva", diz o ditado. E muitas pessoas o jogam fora antes de abrir. Aprendi a abrir os presentes. Um outro ditado diz:

Não deseje menos problemas.
Deseje mais habilidades.

FAZ MUITO SENTIDO.

OS ÓCULOS MÁGICOS

Decidi comprar óculos de sol novos, porque os velhos estavam bem surrados. Tentei encontrar do mesmo tipo, mas o modelo tinha saído de linha. Embora eu seja um tanto conservador no que se refere a óculos, o oculista conseguiu me convencer a experimentar uns novos, polarizados.
– São mágicos! – disse ele, sorrindo.
Depois de botar os óculos, fui lá fora experimentá-los. Não posso mentir, pude perceber coisas que não via antes.
Hoje, fui ao aeroporto buscar as meninas, que tinham passado o fim de semana fora. Gosto de chegar cedo, com tempo de observar as pessoas. Era noite de domingo, e o portão de desembarque estava lotado. Algumas pessoas de terno esperavam clientes segurando folhas de papel A4 com nomes impressos ou escritos com caneta. À minha frente, havia duas meninas loiras – como as minhas – que me pareceram gêmeas, vestidas com roupas idênticas. Estavam se pendurando nas barras de proteção, meio se balançando, meio se equilibrando. Era uma brincadeira, mas, de vez em quando, uma pisava no pé da outra "sem querer" e as duas brigavam. Não durava muito e elas retomavam a brincadeira. Um pouco mais adiante, dois rapazes animados esperavam, cada um deles com uma flor.
Pessoas de todos os tipos passaram pelo portão de desembarque: negras e brancas, gregas e estrangeiras, jovens e velhas, sozi-

nhas ou acompanhadas, umas com ar sossegado, outras prestando atenção, umas sorrindo, outras com o cenho franzido. Em determinado momento, um sujeito estranho, parecido com um Smurf resmungão, apareceu. Outro sujeito tentou voltar pelas portas automáticas assim que passou por elas e o segurança ficou muito nervoso. Ele levou o rapaz de volta e tentou explicar, num inglês não muito bom, quais eram as regras. Levou um tempinho até o guarda se acalmar. Bem nessa hora, a mãe das "gêmeas" surgiu e as garotas correram para seus braços. Ela se ajoelhou e as três viraram uma só.

– Oh! – exclamou uma mulher ao meu lado.

Nós dois trocamos um olhar e sorrimos. A seguir, veio a dupla pela qual os rapazes com as flores estavam esperando. Na verdade, havia outras duas pessoas no grupo de boas-vindas: um terceiro segurava um cartão com os nomes da dupla, um quarto filmava tudo. Os dois primeiros haviam fixado as flores a cartões em formato de coração, com o padrão da bandeira grega, e os ofereceram às amigas, que caíram na gargalhada. Em segundos, os seis se deram um grande abraço coletivo.

Chegou minha vez. Minhas meninas surgiram carregando imensos aviões de papel e se atiraram em meus braços. Era nossa vez de virarmos um só. Fazia três dias que eu não as via e aquilo foi como uma eternidade. Elas pareciam maiores e ainda mais bonitas. O abraço não tinha fim. A caçula interrompeu o abraço e me pediu que a carregasse nos ombros.

– De jeito nenhum! – exclamei, dando uma piscadela e a erguendo nos braços. Segurando minhas orelhas como se fossem rédeas, ela nos guiou para fora.

Fiquei muito satisfeito por ter comprado aqueles óculos mágicos.

ELES ME REVELARAM COISAS QUE EU NÃO TINHA PERCEBIDO ANTES.

DOIS DE VOCÊ

HÁ DOIS DE VOCÊ, NÃO UM SÓ. Precisei de anos até perceber isso. Quando entendi, minha vida mudou.

Devo a mim mesmo o relato desta história, mas, por alguma razão, eu o tenho deixado em segundo plano. Tenho uma amiga, Christina, que me lembrou disso, ainda bem. Dias destes, ela me ligou. É alguém com quem posso ter conversas significativas sobre nós, sobre as crianças e sobre a vida.

– Sabe por que eu liguei? – perguntou ela.
– Por quê?
– Estou feliz. *Muito* feliz. Liguei para contar, pois sei que você entenderia. Stefanos, até que enfim aprendi a cuidar *de mim mesma*. Eu saio sozinha para passear toda manhã, do jeitinho que prometi. Basta meia hora, de manhã cedo, e recarrego as baterias. E elas duram o dia inteiro. Ouça só! Além disso, prometi a mim mesma visitar uma praia bacana uma vez por semana. Fico lá sentada, sem pensar em nada, por um bom tempo. Fico olhando toda aquela imensidão azul e deixo que ela escorra para dentro de mim. Não consigo dizer quão feliz me sinto por estar tomando conta de mim. Sinto que estou em sintonia. Eu me olho no espelho e sorrio. E por estar mais feliz comigo mesma, o relacionamento com meu marido e com meu filho melhorou. Acredite, está excelente.

Eu fico ouvindo, sorrindo, prendendo a respiração para não perder uma palavra.

– Quero continuar me doando a mim mesma todos os dias. Percebi como sou preciosa. Quanto mais eu me dedico a mim mesma, mais recebo de volta.

Existe um outro eu dentro de cada um de nós. Precisei de anos até perceber isso. As pessoas me diziam isso e eu não acreditava. Seu outro eu não vai reclamar se as coisas estiverem indo mal, mas tudo vai começar a lhe dar nos nervos. Quando seu eu estiver feliz, ele não vai lhe contar nada. No entanto, você vai amar todo mundo – como se estivesse um pouco embriagado, sem o álcool.

Sua vida é seu relacionamento consigo mesmo. E esse costuma ser o relacionamento mais negligenciado de todos. Não tomamos conta do nosso eu. Falamos mal dele. Não botamos fé nele. Às vezes, até ficamos de saco cheio.

Imagine que seu eu é a pessoa com quem você divide a vida. Se passar o dia tratando-o mal, que tipo de relacionamento será esse? Você já teria sido dispensado há tempos. É isso que o seu eu sente também; só que ele não tem como dispensá-lo. Vocês estão fadados a viver juntos. Seu eu fica arrasado por sua causa e não tem como lhe contar. Ele fica deprimido, e só quer uma coisa de você.

Chama-se amor.

Fale carinhosamente com ele. Sorria para ele. Alimente-o direito. Forneça-lhe oito horas de sono todas as noites. Compre livros para ele. Faça passeios e caminhadas junto com ele. Faça-o se exercitar. Sente-se com ele. Ouça-o com atenção. Ele tem tanto a lhe dizer e é tão triste quando, toda vez que ele tenta abrir a boca, sua atenção está voltada para a TV, as redes sociais ou algum outro ruído.

Ame seu eu como se fosse um filho.

Pegue-o nos braços e abrace-o forte. Chore com ele. Talvez ele precise de um bom choro.

Não há do que se envergonhar; é libertador.

Há dois dentro de você.

Ponha isso na cabeça e mude sua vida. Ou melhor, mude *suas vidas*.

O TELEFONEMA

Fazia tempo que eu não falava com ela, e fiquei feliz ao ver seu nome na tela do telefone.
– Olá! Como vai? – perguntei.
– Eu vou bem – respondeu ela. – Mas você tirou a sorte grande! Se tem uma coisa que me irrita, é as pessoas acreditarem em sorte.
– Não tirei a sorte grande – falei. – Eu criei minha própria sorte. Trabalhei duro.
– Tá, tudo bem, é que a sorte sempre esteve do seu lado.
Nós conversamos mais um pouco e desligamos. Fiquei pensando na conversa.
Eu não disse a ela que me levanto às cinco da manhã todos os dias com o intuito de construir minha vida.
Não disse que corro durante meia hora e nado no mar todos os dias ao nascer do sol, o ano inteiro.
Não disse que leio um livro por semana.
Não disse que vejo discursos inspiradores on-line todos os dias. Não disse que não vejo TV desde 2001.
Não disse quantos fins de semana deixei de passar com minhas filhas para participar de seminários.
Não disse quantas viagens fiz ao exterior, pagando do próprio bolso, a fim de ouvir os melhores palestrantes motivacionais.
Não disse há quantos anos faço terapia de grupo tentando me conhecer melhor e entrando em contato com minhas emoções.

Não disse quantas apresentações preparei para educadores por toda a Grécia, buscando transformar meu sonho em realidade.

Não disse que me alimento bem para me manter em forma.

Não disse quantos cadernos milagrosos eu preenchi ao longo dos anos.

Não disse quantas conversas tive com amigos e estranhos até aprender o que sei.

Não disse quanto tempo passo pensando em meus objetivos.

Não disse quantos dias e quantas noites passei fazendo meus exercícios de respiração e meditando.

Não disse quantas afirmações fiz diante do espelho, mesmo estando cansado.

Não disse que vou continuar fazendo tudo isso até o dia de minha morte. Há muita coisa que eu não disse a ela.

Talvez porque elas só importem para mim.

Não importa quais sejam seus sonhos. O que importa é o desejo de torná-los realidade. Na hora de explicar como conseguiu alcançá-los e quão entusiasmado está para seguir em frente, não diga às pessoas o que fez até chegar lá.

DIGA APENAS QUE NÃO FOI UMA QUESTÃO DE SORTE. QUE VOCÊ LUTOU POR ELES.

PEGUE LEVE

Nikos é meu dentista há anos e aconteceu de nossos filhos frequentarem a mesma escola. Um dia, eu estava dirigindo e vi que ele tinha me ligado. Liguei de volta. A secretária atendeu e logo transferiu minha ligação.

– Ei, Stefanos! Eu liguei porque ouvi que Robin Sharma vai estar em Londres na semana que vem.

Sharma é um de meus escritores favoritos e Nikos sabe disso.

– Você está brincando, Nikos! – Fiquei doido de ansiedade.

Ele prometeu me enviar um e-mail com os detalhes e eu prometi que enviaria as anotações do workshop mais recente de Sharma.

Nós encerramos a ligação depois de combinar uma caminhada.

Eu adoro os engarrafamentos em Atenas. Consigo passar algum tempo sozinho, fazer ligações e adiantar o trabalho.

Em seguida, liguei para Eleni, uma de minhas melhores amigas. Gosto de pregar peças nela, porque ela cai em todas.

– Quem fala? – perguntou sem reconhecer minha voz.

– O autor – digo, e nós dois caímos na gargalhada. Conversamos e implicamos um com o outro.

– Bom, alguém precisa trabalhar essa hora, sabe – diz ela, perto do fim da conversa, e começa a rir de novo. Combinamos de nos encontrar no sábado seguinte.

Depois da ligação, volto a ouvir meu palestrante favorito. Esse cara me faz flutuar de verdade. Pouco tempo depois, "aterrisso" mais uma vez na agitada área de Pangrati. Preciso assinar uns documentos no banco, que fica na rua principal. Estaciono, compro uma garrafa de água em um quiosque e entro no banco.

Encontro a funcionária com quem preciso falar. Ela é eficiente e educada. Sento-me, mostro minha identidade e assino os documentos.

– Pronto, pode ir – diz ela. Levou menos de dois minutos.
– Já? – pergunto.
– Já – responde ela, com um sorriso.

※

Faz anos que decidi pegar leve, não no sentido de não levar a vida a sério, mas de aceitar as coisas como são. Gosto de me abrir e de correr riscos, mesmo se o mar for profundo e as ondas, turbulentas. Adoro nadar em águas desconhecidas, porém não forço a barra. Pego leve. Muita gente acha que tudo na vida é nadar correnteza acima e eu também pensava assim. No entanto, decidi me libertar dessa ideia. Desde que resolvi aceitar a vida como ela é, tudo se tornou mais fácil. Eu sorrio para a vida e ela me sorri de volta. Eu a abraço e ela me abraça. Afinal de contas, é tudo um espelho.

Um estranho sorridente espera por mim no cubículo de vidro da porta giratória do banco, com a porta aberta.

– Você quer passar junto? – pergunta ele.
– Sim! – respondo, sorrindo. – Será que a gente cabe? – acrescento, apesar de ser óbvio que sim.
– Claro! – exclama o homem. Ele também é magro.
– Cuide-se! – digo, na saída.
– Você também!

Entrei no carro e segui, ouvindo meu palestrante favorito.
Eu estava flutuando outra vez.

DE LEVE.

COMPROMISSO

Ouvi esta história em uma das palestras de meu mentor. Platão e Sócrates estão caminhando na antiga Ágora. Platão pergunta a Sócrates:
– Como posso conseguir o que quero, Mestre?
Sócrates o ignora e continua a caminhar. Platão repete a pergunta. Nenhuma resposta. Eles chegam à fonte de água. De repente, Sócrates agarra Platão e afunda sua cabeça na água. Platão fica perplexo e tenta se livrar, mas Sócrates o mantém com a cabeça submersa. Pouco depois, Sócrates o ergue, enquanto Platão se esforça para respirar.
– O senhor enlouqueceu, Mestre? Eu pergunto como posso conseguir o que quero e o senhor tenta me afogar?
– Se, na vida, você precisar do que deseja tanto quanto desse fôlego que acabou de recuperar, então há de conseguir – disse o sábio professor.
É preciso compromisso.
Por alguma razão, é comum desistirmos de alcançar nossos objetivos em algum ponto do caminho. Queremos resultados, não o trabalho árduo necessário para chegar lá. Admiramos as grandes estrelas de Hollywood, mas essas pessoas deram tudo pelos sonhos, colocando-os acima de tudo na vida, sem jamais desistir diante de todos os obstáculos. Nós queremos fazer uma omelete sem quebrar os ovos.

※

Deixe-me contar uma história real. Quando Steve Jobs, fundador da Apple, tinha 18 anos, estava procurando emprego. Ele foi à sede da Atari, que, naquela época, estava no auge. Disse à recepcionista que gostaria de falar com o presidente da empresa.

– O senhor tem um horário marcado?
– Não.
– Então não pode vê-lo.
– Não vou sair daqui até falar com ele. Só saio arrastado – respondeu Jobs, com aquele brilho hoje conhecido no olhar.

A recepcionista liga para a secretária da presidência.

– Tem um cara louco aqui que insiste em falar com o presidente. Ele parece inteligente. Se ele tiver cinco minutos, sugiro que o receba.

O presidente o recebeu e o contratou. Jobs entrou na Atari naquele dia com a esperança de conseguir um emprego. Estava determinado. Não tinha um plano B. Isso significa compromisso.

Se ouvir as pessoas dizendo "vou tentar", "quem sabe", "tomara" e outras coisas tolas desse tipo, não embarque nessa. Elas não vão conseguir. As que dizem "nada vai me impedir" e "ter sucesso é uma questão de vida ou morte", essas, sim, terão sucesso. Não é possível cozinhar um ovo em água morna; ela precisa ferver. E seu coração precisa ferver por seu sonho todos os dias. E, é claro, é preciso tirar o traseiro da cadeira.

Só então será capaz de conseguir o que quer.

Minhas filhas também sabem disso. Depois de contar a elas a história de Jobs, pergunto:

– Entendem agora o que é compromisso, meninas?
– Sim, eu sei, eu sei! – disse a caçula.
– Então diga.
– Prometa a você mesmo que nunca vai desistir.

ISSO MESMO, QUERIDA!

ERRADO

Sempre vou estar errado. Sempre. Eu, você, todo mundo. A princípio, pode soar estranho. No entanto, olhando de outro ângulo, vemos que reconhecer um erro é o que chamamos de evolução. Tempos atrás, acreditava-se que a Terra era plana. Não é. Então nos disseram que o mundo não se mexia e ele se mexe. Hoje em dia, você acredita em alguma coisa. Talvez tenha certeza. Chega a ser inflexível. No entanto, hoje você ainda não sabe o que vai saber amanhã; o que vai aprender, o que vai acontecer. Neste momento, você não sabe que não sabe. Mas o amanhã é seu amigo. Ele trará conhecimento, experiência e iluminação. Vai revirar o que já se conhecia. Hoje, estamos mais certos do que ontem, menos do que amanhã e muito menos do que depois de amanhã. É tão ruim assim estar errado?

Dizer que alguém está errado é o maior presente que as pessoas podem dar, portanto não encare com desdém. Ouça. Esvazie a mente para novas ideias. Talvez elas combinem com suas próprias ideias, mas isso é outra história. Abra espaço para o novo – isso vai iluminá-lo, aquecê-lo, libertá-lo e deixá-lo ir em frente.

Tenho uma amiga. Quando a irmã dela se casou, ela ficou louca, pois achava que o noivo não prestava. Todos nós achávamos que o cara era um bom sujeito, dedicado à irmã dela e capaz de fazê-la feliz. E ele fez. Minha amiga precisou de anos até enxergar isso sozinha, porque significava que suas previsões estavam erradas. Ela queria estar certa. Todos queremos. No fim das contas, ela ficou feliz pela irmã, mais feliz do que todo mundo. Tenho outro amigo que vive reclamando da situação política, das circunstâncias, do trabalho – de tudo! Antes, eu sugeria soluções. Elas estavam bem embaixo do nariz dele, e eu me perguntava como ele não as via. Até me dar conta do que estava acontecendo: ele não queria soluções. Ele queria ter razão. Os problemas eram sua diversão. Ele estava me convidando para brincar, não para encontrar soluções.

Querer ter razão o tempo todo é bom no início, como um barato.

Por outro lado, custa muito caro.

Na infância, nos ensinaram a ter razão, a desenvolver bons argumentos, a defendê-los e ter convicção. Nos ensinaram que estar errado é uma fraqueza. Não nos ensinaram a ouvir; não nos ensinaram que pessoas fortes são as que reconsideram, que aprendem e evoluem.

Um dia, meu mentor nos perguntou:

– Você quer ter razão ou ser feliz?

A ESCOLHA É SUA.

SÓ O AMOR

Durma cedo. Seu dia começa na noite anterior.
Antes de se deitar, planeje o dia seguinte com caneta e papel.
Não deixe as coisas ao acaso. Os dias viram meses e meses, anos.
Só se vive uma vez. Honre a vida.
Levante-se cedo. Bem cedo. Se seu cérebro mandar dormir um pouco mais, ignore.
Aprenda a negociar com seu cérebro até garantir que você fará *o que quiser*.
Caminhe ou corra na vizinhança por, pelo menos, vinte minutos. Para aquecer os motores.
Ouça alguma coisa enquanto se exercita. Você ouvirá coisas inspiradores ditas por pessoas inspiradoras.
Sorria para as pessoas que encontrar. Cumprimente-as, mesmo que elas não respondam.
Cada um tem suas razões.
Observe a beleza ao seu redor. Ela está por toda parte.
Tome um bom café da manhã.
Tome um banho e o aprecie. Deixe todas as preocupações lá fora. Vista-se bem.
Olhe-se no espelho e sorria. Seja gentil consigo mesmo. Você é seu melhor amigo.
Vá trabalhar de bom humor, mesmo se não gostar do trabalho. Se necessário, encontre outro emprego. Contudo, durante o tem-

po em que estiver lá, honre seu trabalho. É assim que se honra a si próprio. Produza dez vezes mais do que está sendo pago para produzir, mesmo se não ganhar bem. Você fará isso por si mesmo.

Faça um lanche no meio da manhã, como uma maçã ou uma banana. Vamos lá, não é difícil. Beba muita água.

Respire fundo. Estufe a barriga, mesmo que isso não pareça muito elegante.

Cuide-se como se fosse a pessoa mais importante do mundo. Você é. Só não lhe disseram isso.

Reserve 15 minutos do dia para a leitura. Todos os dias. Diminua seu tempo nas redes sociais. Não ligue a TV. É mentira que não dá tempo. Encontre tempo. Ninguém vai dá-lo a você.

Seja curioso, faça perguntas. Não pense que suas crenças estão gravadas em pedra.

Saia sozinho. Vá ao cinema ou aonde sentir vontade. É preciso se amar e se respeitar. Sua vida é seu relacionamento consigo mesmo. Escreva. Faz bem. Tranquiliza a alma.

Mantenha um diário e registre os momentos belos da vida. Há ao menos 100 deles por dia. Registre-os. Se não o fizer, eles escaparão. Meu mentor os chamava de milagres. Eles estão por toda parte. Registre-os. Não os deixe passar despercebidos.

Anote seus objetivos em um caderno e mantenha-os atualizados. Revise-os e os modifique. Eles são a bússola da sua vida.

Passe tempo sozinho. Não tenha medo; isso não é o mesmo que ser solitário. Não ser capaz de ficar sozinho e sempre precisar da TV ou do rádio ligados não é um bom sinal.

Tenha boas companhias, pessoas que sonham alto. Não tenha medo ou inveja delas. Elas o levarão mais longe e você se tornará o tipo de pessoa que quer ter como companhia. Estabeleça objetivos grandiosos.

Ame seu vizinho, mas, antes, ame a si mesmo. Não há mais ninguém. Não se engane: nascemos e morremos sozinhos. Sem filhos, carro ou dinheiro.

Não se preocupe com o que as outras pessoas pensam. Preste atenção no que dizem, mas, antes, ouça a si mesmo.

Não faça fofoca. Cuide de sua vida. A única pessoa sob seu controle é você mesmo.

Sempre pratique boas ações. Ajude os outros ao seu redor, especialmente desconhecidos. Sua família não se resume aos filhos. Todo mundo é sua família. Essa é a única maneira de ser feliz. Não há outro caminho.

Regozije-se com a felicidade alheia.

Não acredite na sorte. Faça a própria sorte. Entenda que sua vida vai mudar.

Viva a vida com a máxima intensidade. Quando rir, dê uma boa gargalhada. Ao chorar, soluce; caso se machuque, sinta toda a dor. Ninguém é feito de porcelana. Você não vai se quebrar.

Todas as respostas estão em seu coração e em sua mente. Diminua o volume que emana de fora. Desligue o barulho e conseguirá ouvir. Toda vez que dizem que Deus está dentro de você, é a isso que se referem.

Use o coração e a mente. Depende de você descobrir se deve usar um ou outro, como um bom chefe de cozinha, que sabe o momento de acrescentar sal e o de acrescentar pimenta.

Evolua a cada dia, até o último. Feche os olhos e sonhe.

Só o amor cabe na bagagem – o amor que você dá e o que recebe. Só o amor existe.

SÓ O AMOR.

Para saber mais sobre os títulos e autores da Editora Sextante,
visite o nosso site e siga as nossas redes sociais.
Além de informações sobre os próximos lançamentos,
você terá acesso a conteúdos exclusivos
e poderá participar de promoções e sorteios.

sextante.com.br